σχολείο - koulu	2
ταξίδι - matka	5
μεταφορά - kuljetus	8
πόλη - kaupunki	10
τοπίο - maisema	14
εστιατόριο - ravintola	17
σούπερ μάρκετ - supermarketti	20
ποτά - juomat	22
φαγητό - ruoka	23
αγρόκτημα - maatila	27
σπίτι - talo	31
σαλόνι - olohuone	33
κουζίνα - keittiö	35
μπάνιο - kylpyhuone	38
παιδικό δωμάτιο - lastenhuone	42
ρούχα - vaatteet	44
γραφείο - toimisto	49
οικονομία - talous	51
επαγγέλματα - ammatit	53
εργαλεία - työkalut	56
μουσικά όργανα - soittimet	57
ζωολογικός κήπος - eläintarha	59
αθλήματα - urheilu	62
δραστηριότητες - aktiviteetit	63
οικογένεια - perhe	67
σώμα - vartalo	68
νοσοκομείο - sairaala	72
έκτακτη ανάγκη - hätätilanne	76
Γη - maa	77
ρολόι - kello	79
εβδομάδα - viikko	80
έτος - vuosi	81
σχήματα - muodot	83
χρώματα - värit	84
αντίθετα - vastakohdat	85
αριθμοί - numerot	88
γλώσσες - kielet	90
ποιος / τι / πως - kuka / mitä / miten	91
που - missä	92

Impressum
Verlag: BABADADA GmbH, Nedderfeld 112 , 22529 Hamburg
Geschäftsführer / Verlagsleitung: Harald Hof
Druck: Books on Demand GmbH, In de Tarpen 42, 22848 Norderstedt

Imprint
Publisher: BABADADA GmbH, Nedderfeld 112 , 22529 Hamburg, Germany
Managing Director / Publishing direction: Harald Hof
Print: Books on Demand GmbH, In de Tarpen 42, 22848 Norderstedt

σχολείο

koulu

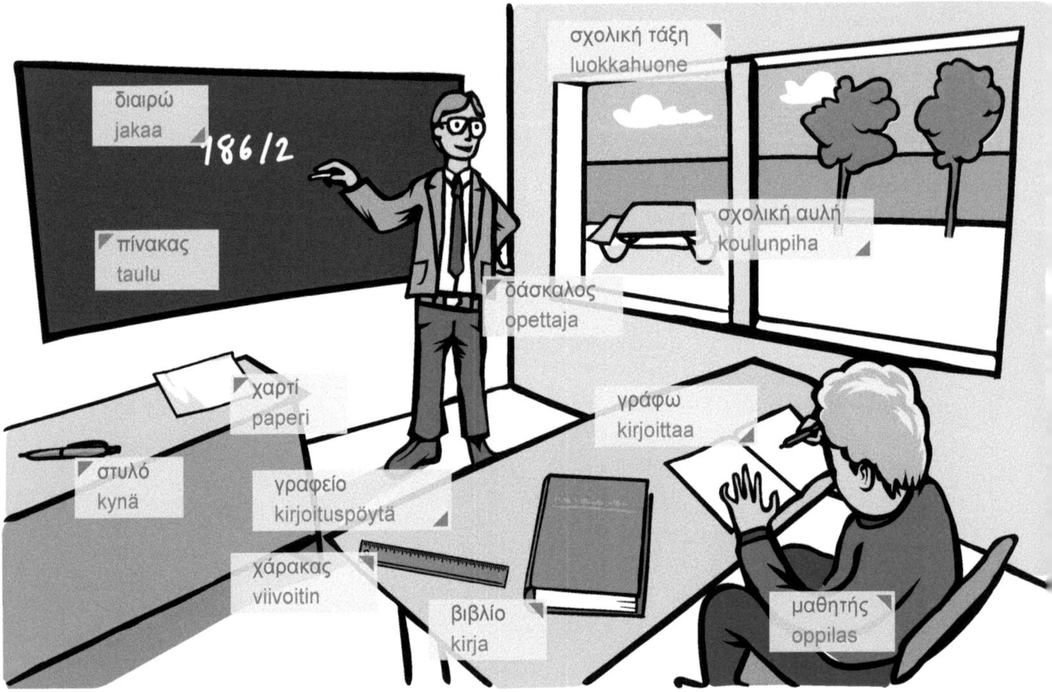

σχολική τάξη
luokkahuone
διαιρώ
jakaa
186/2
πίνακας
taulu
σχολική αυλή
koulunpiha
δάσκαλος
opettaja
χαρτί
paperi
γράφω
kirjoittaa
στυλό
kynä
γραφείο
kirjoituspöytä
χάρακας
viivoitin
βιβλίο
kirja
μαθητής
oppilas

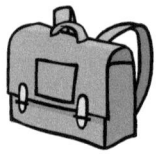

σχολική τσάντα

reppu

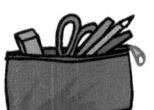

κασετίνα/ μολυβοθήκη

penaali

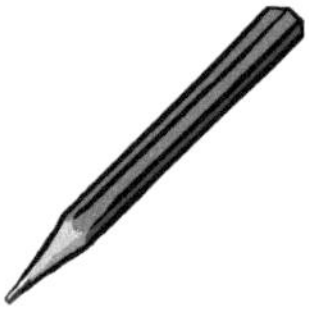

μολύβι

lyijykynä

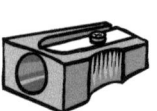

ξύστρα

kynänteroitin

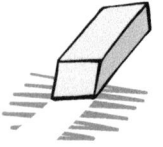

γόμα

pyyhekumi

μπλοκ ζωγραφικής

piirustuslehtiö

ζωγραφική

piirustus

πινέλο

pensseli

κουτί χρωμάτων

vesivärit

ψαλίδι

sakset

κόλλα

liima

τετράδιο ασκήσεων

harjoituskirja

εργασία για το σπίτι

kotitehtävä

αριθμός

luku

προσθέτω

lisätä

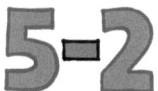

αφαιρώ

vähentää

πολλαπλασιάζω

kertoa

υπολογίζω

laskea

γράμμα

kirjain

αλφάβητο

aakkoset

λέξη

sana

κείμενο

teksti

διαβάζω

lukea

κιμωλία

liitu

μάθημα

oppitunti

εγγράφομαι

opettajan muistikirja

τεστ

koe

πιστοποιητικό

todistus

μαθητική στολή

koulupuku

εκπαίδευση

koulutus

εγκυκλοπαίδεια

sanakirja

πανεπιστήμιο

yliopisto

μικροσκόπιο

mikroskooppi

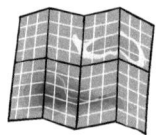

χάρτης

kartta

καλάθι αχρήστων

roskakori

ταξίδι
matka

ξενοδοχείο
hotelli
Grand
ξενώνας
retkeilymaja
ROOMS
ανταλλακτήρια συναλλάγματος
rahanvaihto
βαλίτσα
matkalaukku
αυτοκίνητο
auto

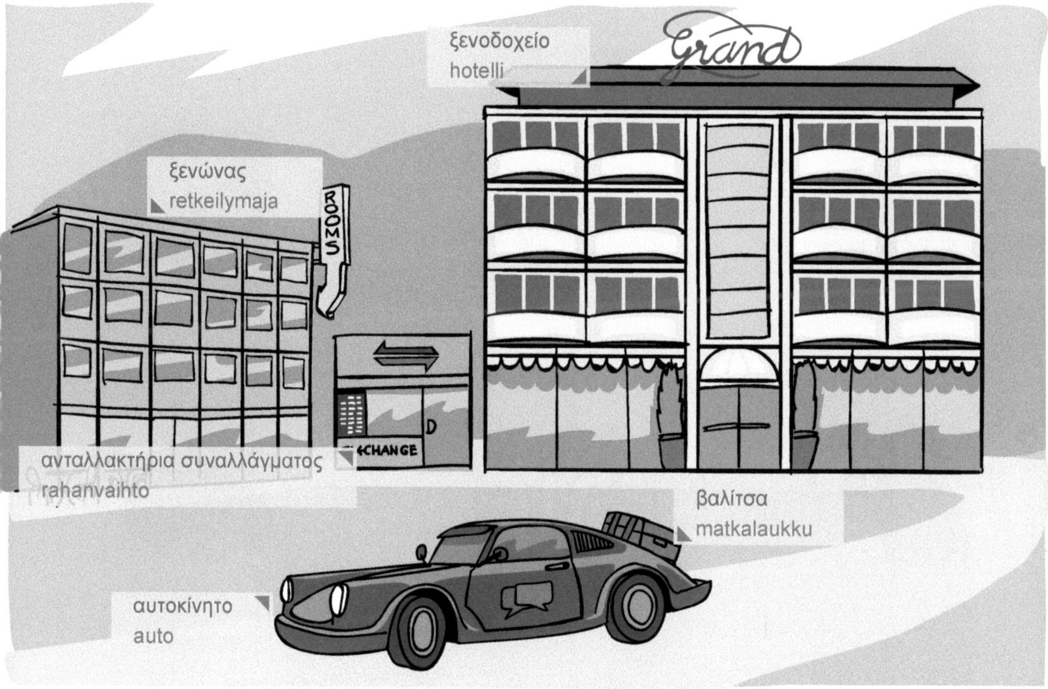

γλώσσα

kieli

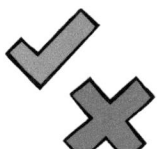

ναι / όχι

kyllä / ei

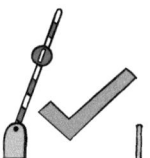

εντάξει

selvä

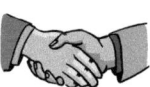

γεια σου

hei

μεταφραστής

tulkki

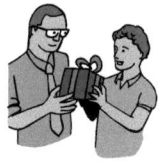

Ευχαριστώ

kiitos

πόσο κάνει ;

Paljonko...maksaa?

Δε καταλαβαίνω

en ymmärrä

πρόβλημα

ongelma

Καλησπέρα!

Hyvää iltaa!

Καλημέρα!

Hyvää huomenta!

Καληνύχτα!

Hyvää yötä!

Αντίο

näkemiin

κατεύθυνση

suunta

αποσκευές

matkatavarat

τσάντα

laukku

σακίδιο πλάτης

reppu

καλεσμένος

vieras

δωμάτιο

huone

υπνόσακος

makuupussi

σκηνή

teltta

τουριστικές πληροφορίες

turisti-info

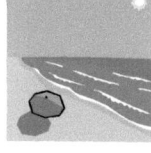

παραλία

ranta

πιστωτική κάρτα

luottokortti

πρωινό

aamupala

μεσημεριανό

lounas

δείπνο

päivällinen

εισιτήριο

matkalippu

ανελκυστήρας

hissi

γραμματόσημο

postimerkki

σύνορα

raja

τελωνείο

tulli

πρεσβεία

suurlähetystö

βίζα

viisumi

διαβατήριο

passi

μεταφορά

kuljetus

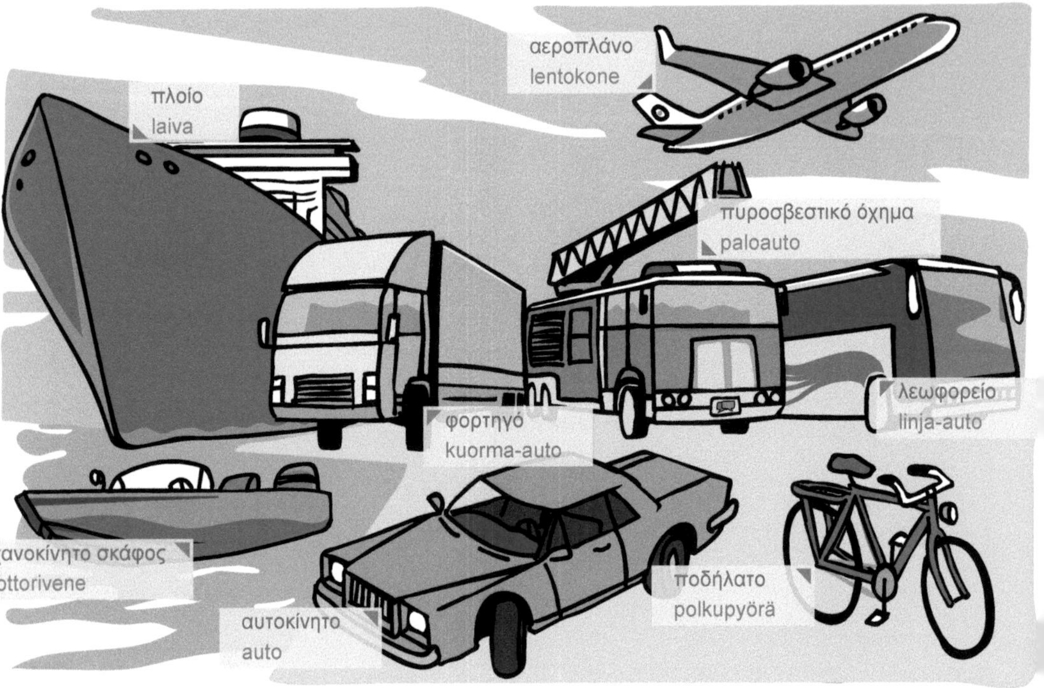
αεροπλάνο
lentokone
πλοίο
laiva
πυροσβεστικό όχημα
paloauto
λεωφορείο
linja-auto
φορτηγό
kuorma-auto
χανοκίνητο σκάφος
ottorivene
ποδήλατο
polkupyörä
αυτοκίνητο
auto

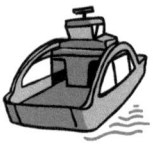

φεριμπότ

lautta

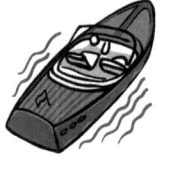

βάρκα

vene

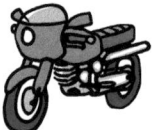

μοτοσικλέτα

moottoripyörä

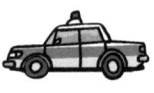

περιπολικό

poliisiauto

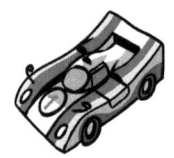

αγωνιστικό αυτοκίνητο

kilpa-auto

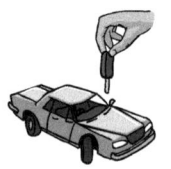

ενοικιαζόμενο αυτοκίνητο

vuokra-auto

διαμοιρασμός αυτοκινήτων

car sharing

γερανός

hinausauto

απορριμματοφόρο

roska-auto

κινητήρας

moottori

καύσιμο

polttoaine

βενζινάδικο

huoltoasema

πινακίδα σήμανσης

liikennemerkki

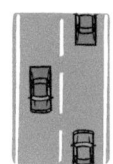

κυκλοφορία

liikenne

κυκλοφοριακή συμφόρηση

ruuhka

χώρος στάθμευσης

parkkipaikka

σιδηροδρομικός σταθμός

rautatieasema

σιδηροδρομικές γραμμές

raiteet

τρένο

juna

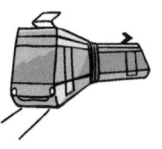

τραμ

raitiovaunu

βαγόνι

vaunu

ελικόπτερο

helikopteri

αεροδρόμιο

lentokenttä

πύργος

lähilennonjohto

επιβάτης

matkustaja

εμπορευματοκιβώτιο

kontti

χαρτοκιβώτιο

pahvilaatikko

καρότσι

kärryt

καλάθι

kori

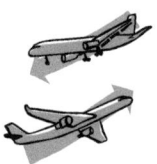

απογειώνομαι /
προσγειόνομαι

nousta / laskea

πόλη
kaupunki

χωριό

kylä

κέντρο της πόλης

keskusta

σπίτι

talo

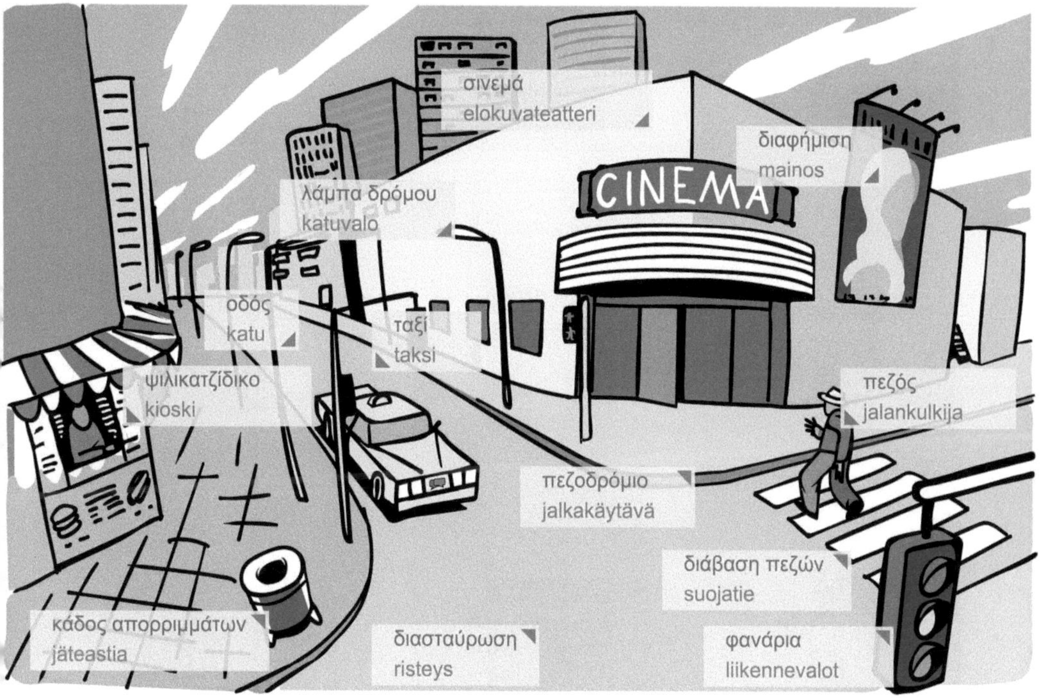

σινεμά
elokuvateatteri
CINEMA
διαφήμιση
mainos
λάμπα δρόμου
katuvalo
οδός
katu
ταξί
taksi
ψιλικατζίδικο
kioski
πεζός
jalankulkija
πεζοδρόμιο
jalkakäytävä
διάβαση πεζών
suojatie
κάδος απορριμμάτων
jäteastia
διασταύρωση
risteys
φανάρια
liikennevalot

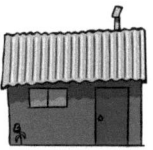

καλύβα
mökki

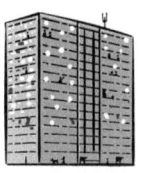

διαμέρισμα
kerrostalo

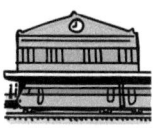

σιδηροδρομικός σταθμός
rautatieasema

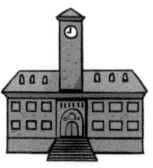

δημαρχείο
kaupungintalo

MUSEUM
μουσείο
museo

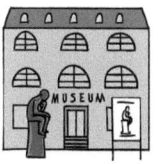

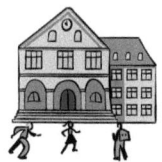

σχολείο
koulu

πανεπιστήμιο

yliopisto

τράπεζα

pankki

νοσοκομείο

sairaala

ξενοδοχείο

hotelli

φαρμακείο

apteekki

γραφείο

toimisto

βιβλιοπωλείο

kirjakauppa

κατάστημα

liike

ανθοπωλείο

kukkakauppa

σούπερ μάρκετ

supermarketti

αγορά

tori

πολυκατάστημα

tavaratalo

ιχθυοπωλείο

kalakauppias

εμπορικό κέντρο

ostoskeskus

λιμάνι

satama

πάρκο

puisto

παγκάκι

penkki

γέφυρα

silta

σκάλες

portaat

μετρό

metro

τούνελ

tunneli

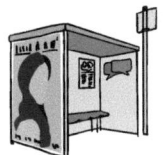

στάση λεωφορείου

linja-autopysäkki

μπαρ

baari

εστιατόριο

ravintola

γραμματοκιβώτιο

postilaatikko

πινακίδα δρόμου

katukyltti

παρκόμετρο

parkkimittari

ζωολογικός κήπος

eläintarha

πισίνα

uimala

τζαμί

moskeija

αγρόκτημα

maatila

ρύπανση

ympäristön saastuminen

νεκροταφείο

hautausmaa

εκκλησία

kirkko

παιδική χαρά

leikkikenttä

ναός

temppeli

τοπίο
maisema

φύλλο
lehti

πινακίδα κατεύθυνσης
tienviitta

δρόμος
tie

λιβάδι
niitty

πέτρα
kivi

δέντρο
puu

πεζοπόρος
retkeilijä

ποτάμι
joki

χορτάρι
ruoho

λουλούδι
kukka

κοιλάδα

laakso

λόφος

vuori

λίμνη

järvi

δάσος

metsä

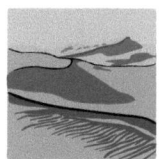

έρημος

aavikko

ηφαίστειο

tulivuori

κάστρο

linna

ουράνιο τόξο

sateenkaari

μανιτάρι

sieni

φοίνικας

palmu

κουνούπι

hyttynen

μύγα

kärpänen

μυρμήγκι

muurahainen

μέλισσα

mehiläinen

αράχνη

hämähäkki

τοπίο - maisema

σκαθάρι

kovakuoriainen

βάτραχος

sammakko

σκίουρος

orava

σκαντζόχοιρος

siili

λαγός

jänis

κουκουβάγια

pöllö

πουλί

lintu

κύκνος

joutsen

αγριογούρουνο

villisika

ελάφι

peura

άλκη

hirvi

φράγμα

pato

ανεμογεννήτρια

tuulimylly

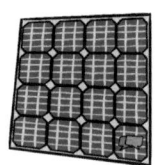

ηλιακός συλλέκτης

aurinkopaneeli

κλίμα

ilmasto

σερβιτόρος
tarjoilija

κατάλογος
ruokalista

καρέκλα
tuoli

σούπα
keitto

πίτσα
pitsa

τραπεζομάντιλο
pöytäliina

μαχαιροπίρουνα
ruokailuvälineet

ορεκτικό

alkuruoka

κύριο πιάτο

pääruoka

επιδόρπιο

jälkiruoka

ποτά

juomat

φαγητό

ruoka

μπουκάλι

pullo

φαστ φουντ

pikaruoka

φαγητό στ' όρθιο

katuruoka

τσαγιέρα

teekannu

δοχείο ζάχαρης

sokeriastia

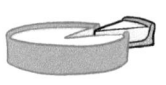

μερίδα

annos

μηχανή εσπρέσο

espressokeitin

ψηλή καρέκλα

syöttötuoli

λογαριασμός

lasku

δίσκος

tarjotin

μαχαίρι

veitsi

πιρούνι

haarukka

κουτάλι

lusikka

κουταλάκι του τσαγιού

teelusikka

πετσέτα φαγητού

servietti

ποτήρι

lasi

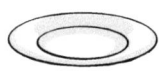

πιάτο
lautanen

πιάτο σούπας
syvä lautanen

πιατάκι φλιτζανιού
aluslautanen

σάλτσα
kastike

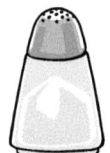

αλατιέρα
suolasirotin

μύλος για πιπέρι
pippurimylly

ξύδι
etikka

λάδι
öljy

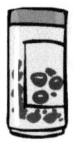 

μπαχαρικά
mausteet

κέτσαπ
ketsuppi

μουστάρδα
sinappi

μαγιονέζα
majoneesi

Main illustration labels:

- προσφορά / tarjous
- πελάτης / asiakas
- γαλακτοκομικά προϊόντα / maitotuotteet
- καρότσι για ψώνια / ostoskärryt
- φρούτα / hedelmät

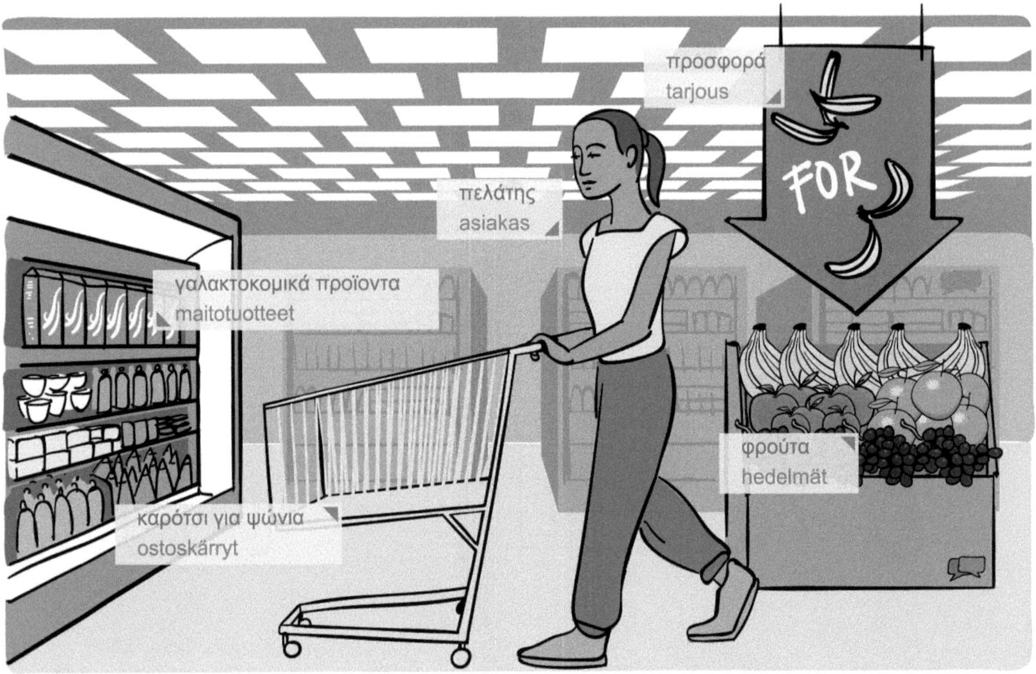

κρεοπωλείο teurastamo	φούρνος leipomo	ζυγίζω punnita
λαχανικά kasvikset	κρέας liha	κατεψυγμένα τρόφιμα pakasteet

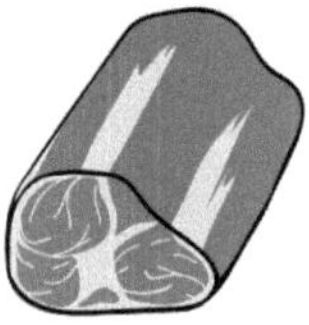

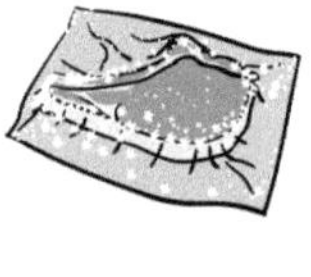

αλλαντικά

leikkele

κονσερβοποιημένη τροφή

säilykkeet

απορρυπαντικό ρούχων

pesujauhe

γλυκά

makeiset

οικιακά είδη

kotitaloustarvikkeet

καθαριστικά προϊόντα

puhdistusaineet

πωλήτρια

myyjä

ταμείο

kassa

ταμίας

kassanhoitaja

λίστα για ψώνια

ostoslista

ωράριο λειτουργίας

aukioloajat

πορτοφόλι

lompakko

πιστωτική κάρτα

luottokortti

τσάντα

kassi

πλαστική σακούλα

muovipussi

νερό

vesi

χυμός

mehu

γάλα

maito

κόκα κόλα

kokis

κρασί

viini

μπίρα

olut

αλκοόλ

alkoholi

κακάο

kaakao

τσάι

tee

καφές

kahvi

εσπρέσο

espresso

καπουτσίνο

cappuccino

μπανάνα
banaani

μήλο
omena

πορτοκάλι
appelsiini

πεπόνι
meloni

λεμόνι
sitruuna

καρότο
porkkana

σκόρδο
valkosipuli

μπαμπού
bambu

κρεμμύδι
sipuli

μανιτάρι
sieni

ξηροί καρποί
pähkinät

νουντλς
spagetti

μακαρόνια

spagetti

ρύζι

riisi

σαλάτα

salaatti

πατατάκια

ranskalaiset

τηγανητές πατάτες

paistetut perunat

πίτσα

pitsa

χάμπουργκερ

hampurilainen

σάντουιτς

voileipä

κοτολέτα

leike

ζαμπόν

kinkku

σαλάμι

salami

λουκάνικο

makkara

κοτόπουλο

kana

ψητό

paisti

ψάρι

kala

χυλός βρώμης

kaurahiutaleet

μούσλι

mysli

κορν φλέικς

murot

αλεύρι

jauho

κρουασάν

voisarvi

ψωμάκι

sämpylä

ψωμί

leipä

τοστ

paahtoleipä

μπισκότα

keksit

βούτυρο

voi

τυρόπηγμα

rahka

κέικ

kakku

αυγό

kananmuna

τηγανητό αυγό

paistettu kananmuna

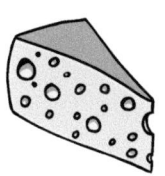

τυρί

juusto

παγωτό

jäätelö

ζάχαρη

sokeri

μέλι

hunaja

μαρμελάδα

hillo

άλλειμμα σοκολάτας

suklaapähkinälevite

κάρυ

curry

αγρόκτημα
maatila

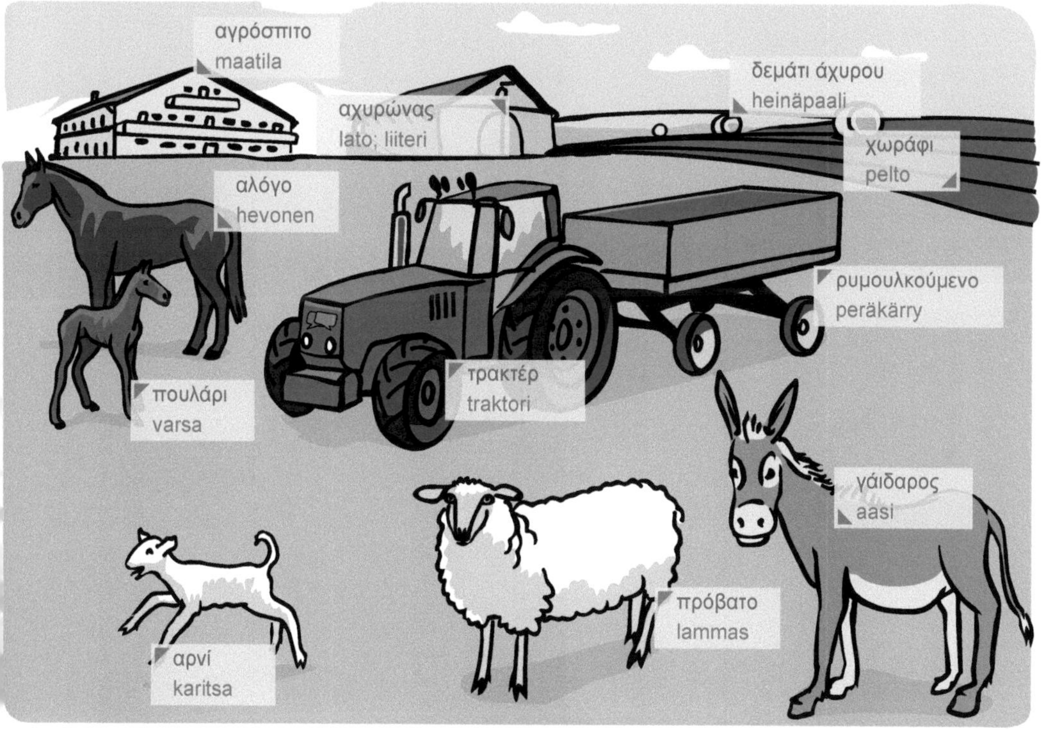

αγρόσπιτο
maatila
αχυρώνας
lato; liiteri
δεμάτι άχυρου
heinäpaali
χωράφι
pelto
αλόγο
hevonen
ρυμουλκούμενο
peräkärry
πουλάρι
varsa
τρακτέρ
traktori
γάιδαρος
aasi
πρόβατο
lammas
αρνί
karitsa

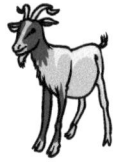

κατσίκα
vuohi

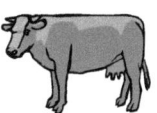

αγελάδα
lehmä

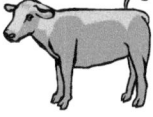

μοσχαράκι
vasikka

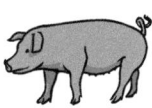

γουρούνι
sika

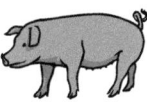

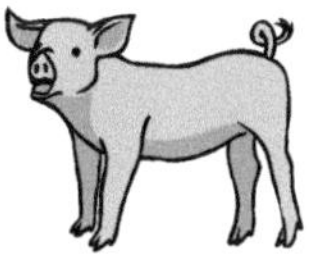
γουρουνάκι
porsas

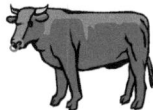

ταύρος
sonni

χήνα
hanhi

πάπια
ankka

κοτοπουλάκι
tipu

κότα
kana

κόκορας
kukko

αρουραίος
rotta

γάτα
kissa

ποντίκι
hiiri

βόδι
härkä

σκύλος
koira

σπιτάκι σκύλου
koirankoppi

λάστιχο κήπου
puutarhaletku

ποτιστήρι
kastelukannu

θεριστήρι
viikate

αλέτρι
aura

δρεπάνι

sirppi

τσάπα

kuokka

δίκρανο

talikko

τσεκούρι

kirves

χειράμαξα

kottikärryt

ταΐστρα

kaukalo

δοχείο γάλακτος

maitokannu

σάκος

säkki

φράχτης

aita

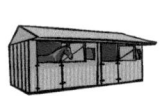

στάβλος

talli

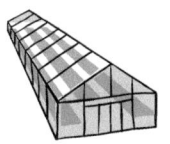

θερμοκήπιο

kasvihuone

έδαφος

maa

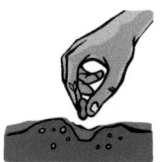

σπόρος

siemen

λίπασμα

lannoite

θεριζοαλωνιστική μηχανή

leikkuupuimuri

θερίζω

kerätä sato

συγκομιδή

sato

γιαμς

jamssit

σιτάρι

vehnä

σόγια

soija

πατάτα

peruna

καλαμπόκι

maissi

κράμβη

rypsi

οπωροφόρο δέντρο

hedelmäpuu

μανιόκα

maniokki

δημητριακά

vilja

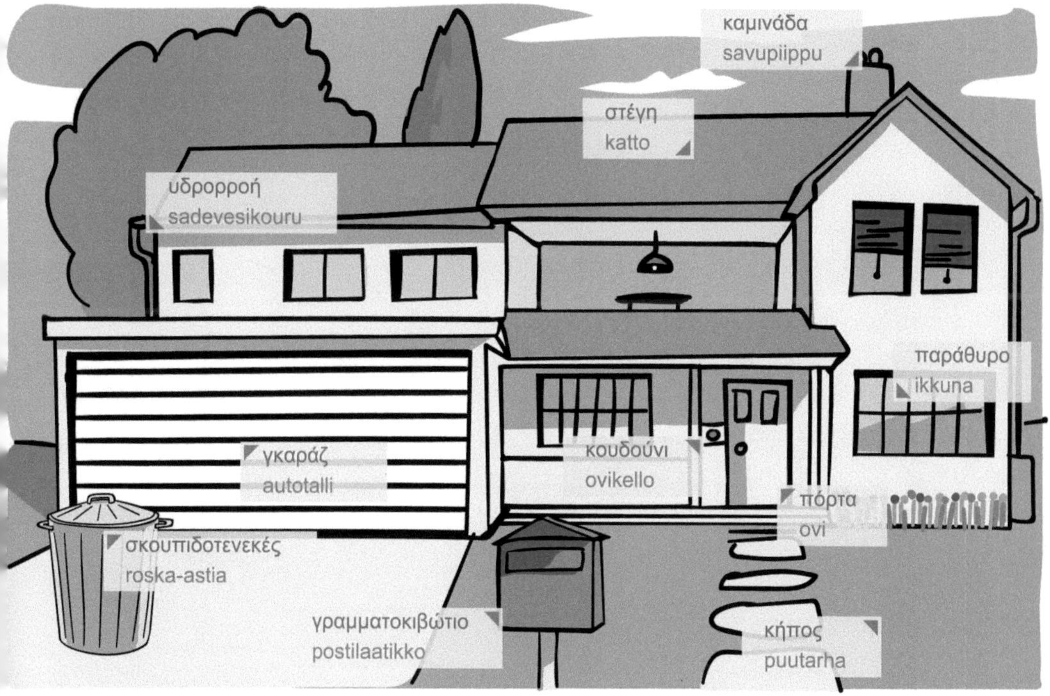

καμινάδα
savupiippu

στέγη
katto

υδρορροή
sadevesikouru

παράθυρο
ikkuna

γκαράζ
autotalli

κουδούνι
ovikello

πόρτα
ovi

σκουπιδοτενεκές
roska-astia

γραμματοκιβώτιο
postilaatikko

κήπος
puutarha

σαλόνι

olohuone

μπάνιο

kylpyhuone

κουζίνα

keittiö

υπνοδωμάτιο

makuuhuone

παιδικό δωμάτιο

lastenhuone

τραπεζαρία

ruokahuone

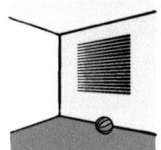

πάτωμα

lattia

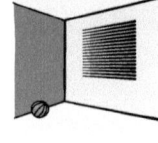

τοίχος

seinä

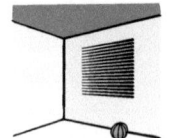

οροφή

katto

κελάρι

kellari

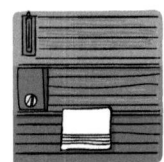

σάουνα

sauna

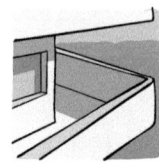

μπαλκόνι

parveke

βεράντα

terassi

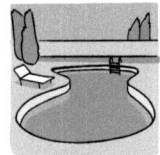

πισίνα

uima-allas

μηχανή του γκαζόν

ruohonleikkuri

σεντόνι

lakana

κάλυμμα κρεβατιού

päiväpeitto

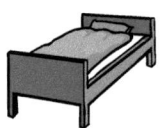

κρεβάτι

sänky

σκούπα

harja

κουβάς

ämpäri

διακόπτης

katkaisin

σαλόνι
olohuone

ταπετσαρία
tapetti
φωτογραφία
kuva
λάμπα
lamppu
ράφι
hylly
ντουλάπι
kaappi
τηλεόραση
televisio
τζάκι
takka
λουλούδι
kukka
μαξιλάρι
tyyny
καναπές
sohva
βάζο
maljakko
τηλεκοντρόλ
kaukosäädin

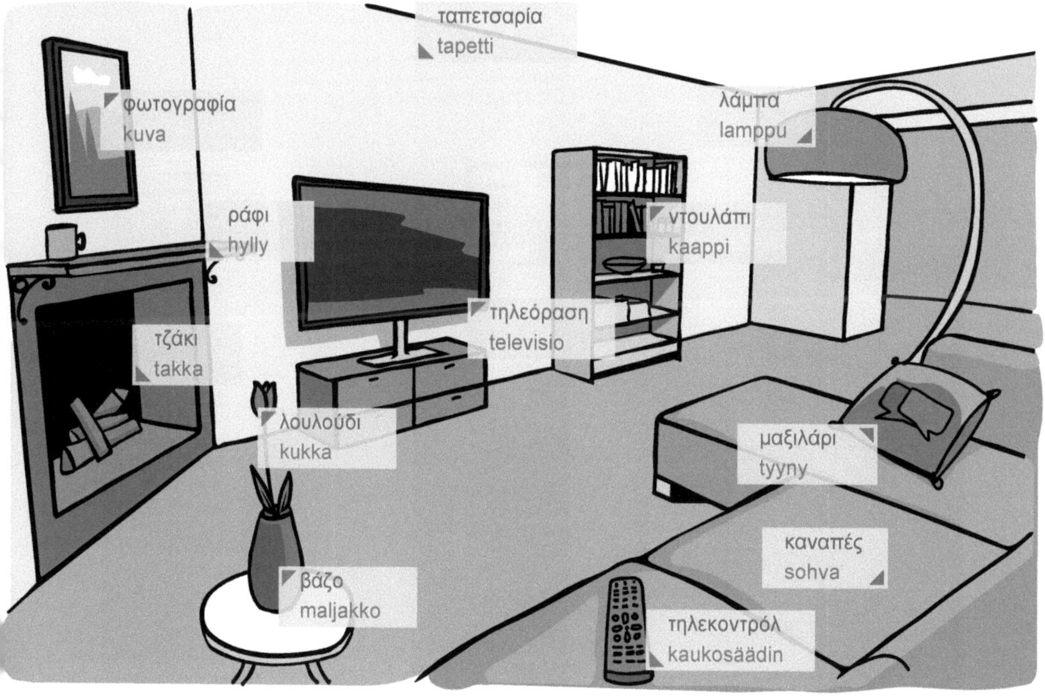

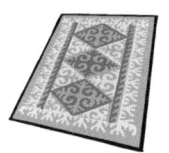

χαλί

matto

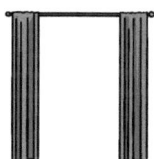

κουρτίνα

verho

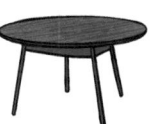

τραπέζι

pöytä

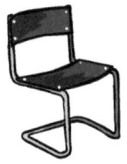

καρέκλα

tuoli

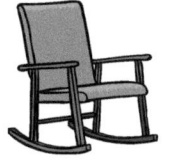

κουνιστή πολυθρόνα

keinutuoli

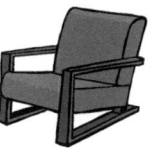

πολυθρόνα

nojatuoli

βιβλίο
kirja

κουβέρτα
peitto

διακόσμηση
koriste

καυσόξυλα
polttopuut

ταινία
elokuva

στερεοφωνικό σύστημα
stereot

κλειδί
avain

εφημερίδα
sanomalehti

πίνακας ζωγραφικής
maalaus

αφίσα
juliste

ραδιόφωνο
radio

σημειωματάριο
muistivihko

ηλεκτρική σκούπα
pölynimuri

κάκτος
kaktus

κερί
kynttilä

σαλόνι - olohuone

κουζίνα
keittiö

ψυγείο
jääkaappi
φούρνος μικροκυμάτων
mikroaaltouuni
ζυγαριά κουζίνας
keittiövaaka
τοστιέρα
leivänpaahdin
απορρυπαντικό
pesuaine
φούρνος
leivinuuni
κατάψυξη
pakastinlokero
σκουπιδοτενεκές
roska-astia
πλυντήριο πιάτων
astianpesukone

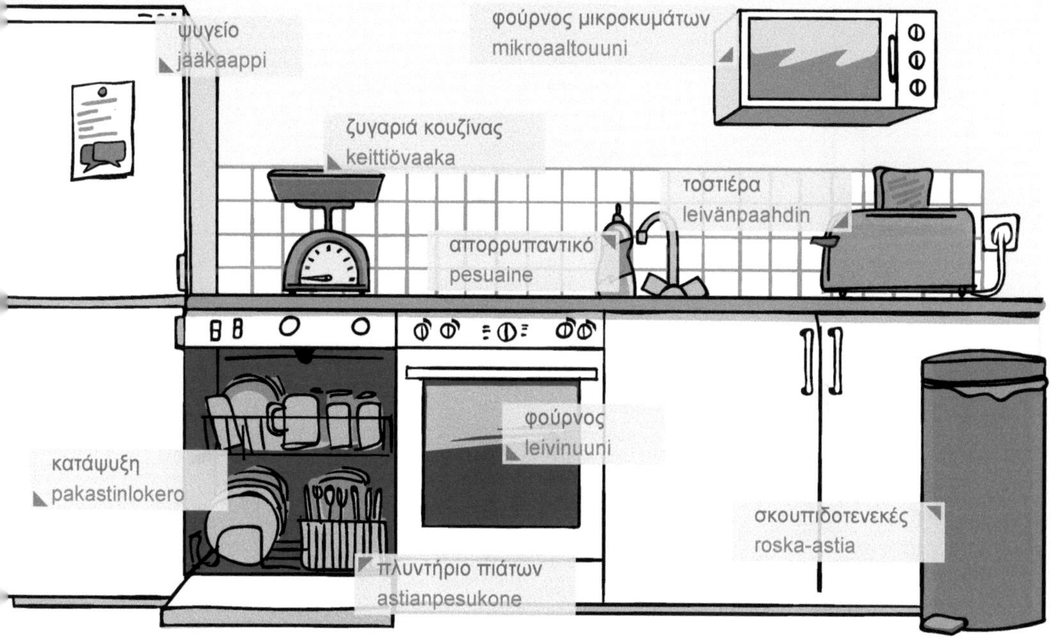

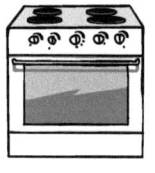

κουζίνα
liesi

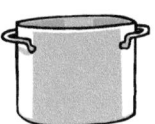

κατσαρόλα
kattila

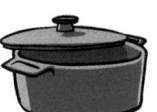

μαντεμένια κατσαρόλα
rautapata

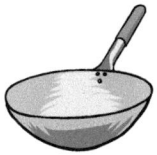

γουόκ/καντάι
vokkipannu / kadai-pannu

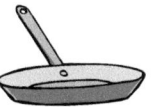

τηγάνι
paistinpannu

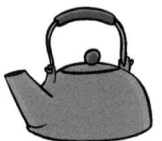

βραστήρας
teepannu

ατμομάγειρας

höyrykeitin

ταψί

uunipelti

πιατικά

astiat

κούπα

muki

μπολ

kulho

ξυλάκια

syömäpuikot

κουτάλα

kauha

σπάτουλα

paistinlasta

ανακατεύω

vispilä

σουρωτήρι

siivilä

σουρωτηράκι

siivilä

τρίφτης

raastin

γουδί

mortteli

ψησταριά

grilli

ανοιχτή φωτιά

avotuli

σανίδα κοπής

leikkuulauta

πλάστης

kaulin

ανοιχτήρι φελλών

korkinavaaja

κονσέρβα

purkki

ανοιχτήρι κονσέρβας

purkinavaaja

γάντι φούρνου

pannulappu

νεροχύτης

lavuaari

βούρτσα

tiskiharja

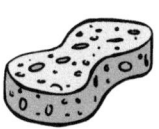

σφουγγάρι

pesusieni

μπλέντερ

tehosekoitin

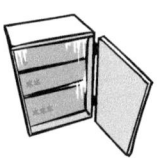

καταψύκτης

pakastin

μπιμπερό

tuttipullo

βρύση

vesihana

μπάνιο
kylpyhuone

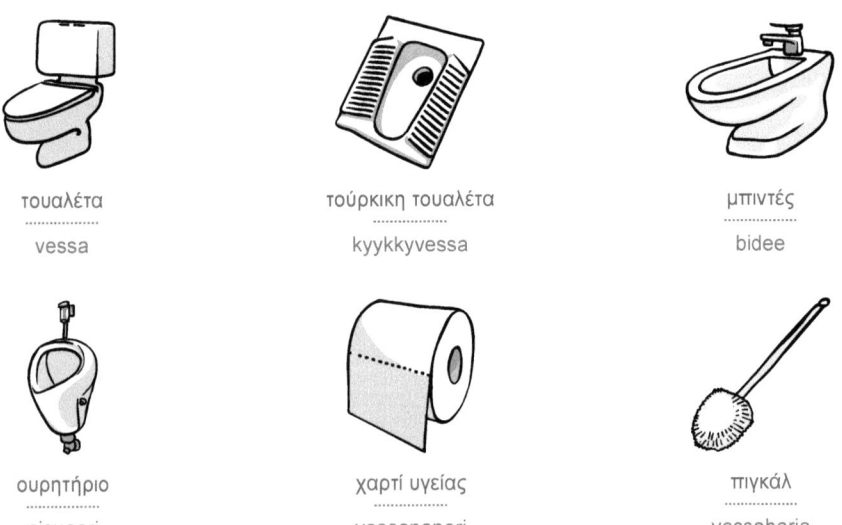

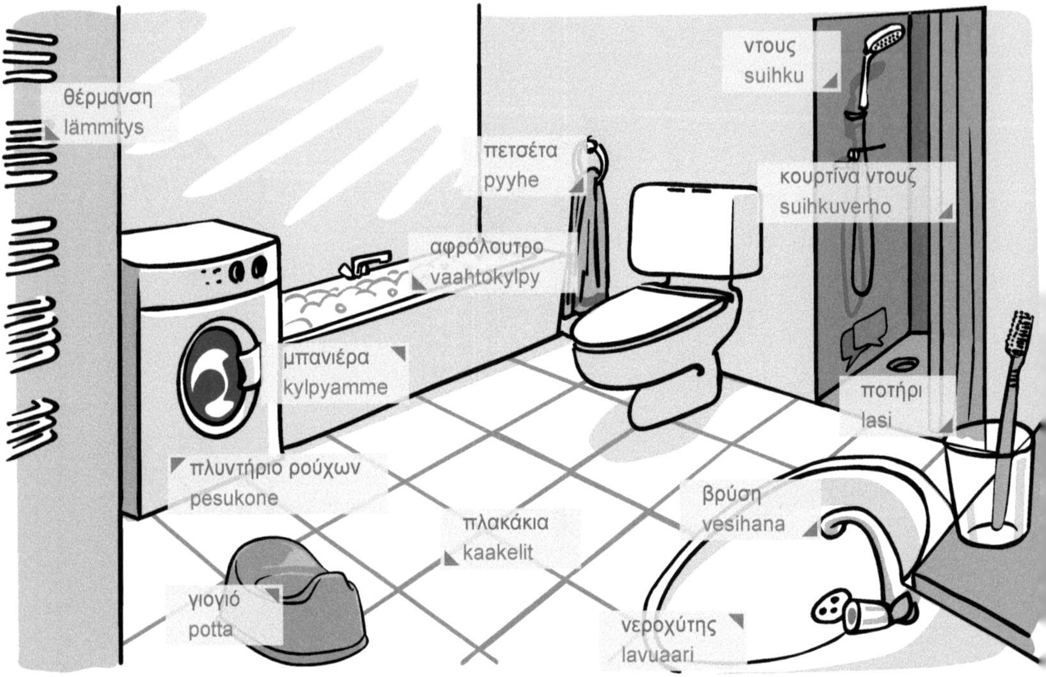
θέρμανση
lämmitys
ντους
suihku
πετσέτα
pyyhe
κουρτίνα ντους
suihkuverho
αφρόλουτρο
vaahtokylpy
μπανιέρα
kylpyamme
ποτήρι
lasi
πλυντήριο ρούχων
pesukone
βρύση
vesihana
πλακάκια
kaakelit
γιογιό
potta
νεροχύτης
lavuaari

τουαλέτα

vessa

τούρκικη τουαλέτα

kyykkyvessa

μπιντές

bidee

ουρητήριο

pisuaari

χαρτί υγείας

vessapaperi

πιγκάλ

vessaharja

οδοντόβουρτσα

hammasharja

οδοντόκρεμα

hammastahna

οδοντικό νήμα

hammaslanka

πλένω

pestä

τηλέφωνο ντους

käsisuihku

ντουσιέρα

intiimisuihku

λεκάνη

pesuvati

βούρτσα πλάτης

selkäharja

σαπούνι

saippua

αφρόλουτρο

suihkugeeli

σαμπουάν

shampoo

φανέλα

pesulappu

σιφόνι

viemäri

κρέμα

voide

αποσμητικό

deodorantti

καθρέφτης

peili

καθρέφτης χειρός

käsipeili

ξυραφάκι

partaveitsi

αφρός ξυρίσματος

partavaahto

αφτερσέιβ

partavesi

χτένα

kampa

βούρτσα

harja

σεσουάρ

hiustenkuivaaja

λακ

hiuslakka

μακιγιάζ

meikki

κραγιόν

huulipuna

βερνίκι νυχιών

kynsilakka

βαμβάκι

pumpuli

ψαλίδι νυχιών

kynsisakset

άρωμα

hajuvesi

νεσεσέρ

kosmetiikkalaukku

σκαμπό

jakkara

ζυγαριά

vaaka

μπουρνούζι

kylpytakki

ελαστικά γάντια

kumihansikkaat

ταμπόν

tamponi

πετσέτα υγιεινής

terveysside

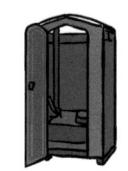

χημική τουαλέτα

kemiallinen wc

παιδικό δωμάτιο
lastenhuone

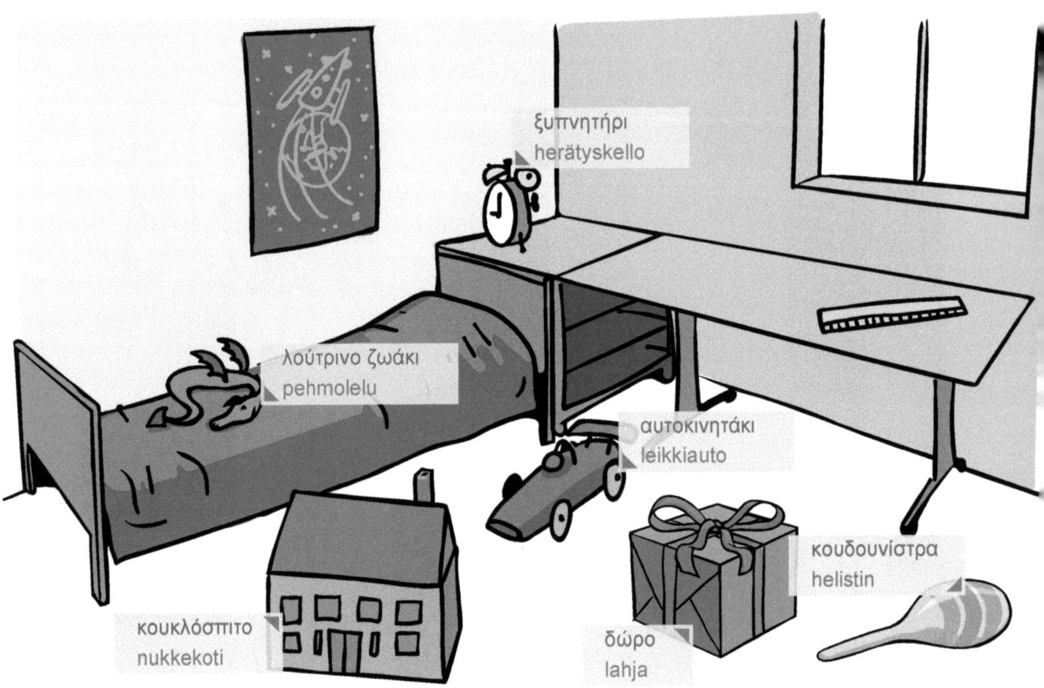

ξυπνητήρι
herätyskello
λούτρινο ζωάκι
pehmolelu
αυτοκινητάκι
leikkiauto
κουδουνίστρα
helistin
κουκλόσπιτο
nukkekoti
δώρο
lahja

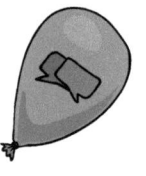

μπαλόνι

ilmapallo

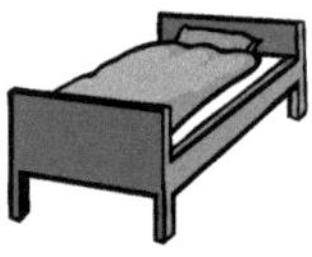

κρεβάτι

sänky

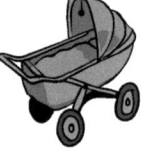

καροτσάκι

lastenvaunut

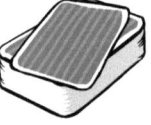

τράπουλα

korttipeli

παζλ

palapeli

SUPER
MEGA

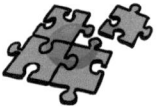

κόμικς

sarjakuva

τουβλάκια lego

legopalikat

τουβλάκια κατασκευών

rakennuspalikat

φιγούρα δράσης

supersankari

βρεφικό φορμάκι

potkupuku

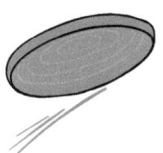

φρίσμπι

frisbee

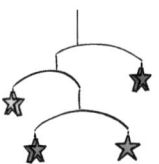

μόμπιλο

mobile

επιτραπέζιο παιχνίδι

lautapeli

ζάρια

noppa

σετ τρενάκι

pienoisjunarata

πιπίλα

tutti

πάρτι

juhlat

εικονογραφημένο βιβλίο

kuvakirja

μπάλα

pallo

κούκλα

nukke

παίζω

leikkiä

σκάμμα με άμμο

hiekkalaatikko

κούνια

keinu

παιχνίδια

lelut

κονσόλα βιντεοπαιχνιδιών

pelikonsoli

τρίκυκλο

kolmipyörä

αρκουδάκι

nalle

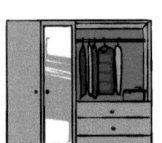

ντουλάπα

vaatekaappi

ρούχα

vaatteet

κάλτσες

sukat

καλτσοδέτες

nylonsukat

καλσόν

sukkahousut

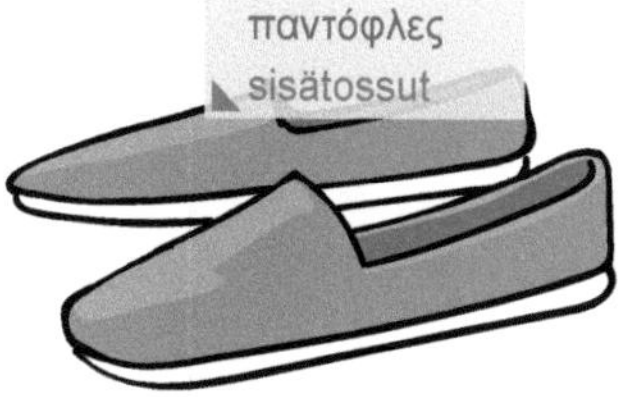

κασκόλ
kaulaliina

ομπρέλα
sateenvarjo

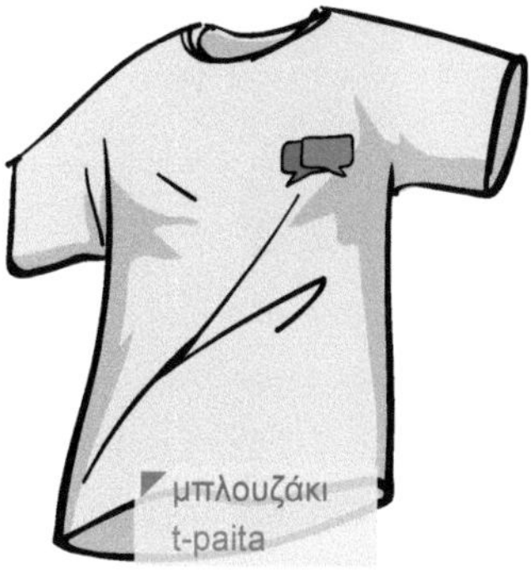

μπλουζάκι
t-paita

ζώνη
vyö

μπότες
saappaat

παντόφλες
sisätossut

αθλητικά παπούτσια
lenkkarit

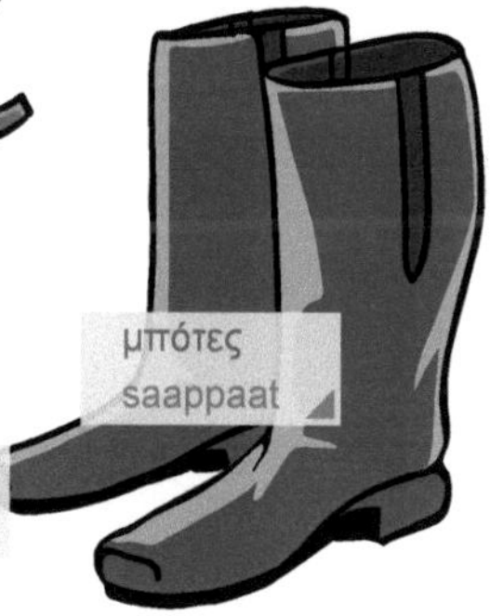

σανδάλια
sandaalit

παπούτσια
kengät

γαλότσες
kumisaappaat

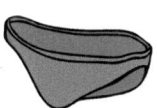

εσώρουχο
alushousut

σουτιέν
rintaliivit

φανέλα
aluspaita

ρούχα - vaatteet

σώμα

body

παντελόνι

housut

τζιν παντελόνι

farkut

φούστα

hame

μπλούζα

pusero

πουκάμισο

paita

πουλόβερ

villapaita

πουλόβερ

collegepaita

σακάκι

jakku

μπουφάν

takki

παλτό

takki

αδιάβροχο πανωφόρι

sadetakki

κοστούμι

puku

φόρεμα

mekko

νυφικό

hääpuku

κοστούμι
puku

νυχτικό
yöpaita

πιτζάμες
pyjama

σάρι
shari

μαντήλι
päähuivi

τουρμπάνι
turbaani

μπούρκα
burka

καφτάνι
kaftaani

μουσουλμανικό ένδυμα
abaya

ολόσωμο μαγιό
uimapuku

ανδρικό μαγιό
uimahousut

σορτς
shortsit

αθλητική φόρμα
verkkarit

ποδιά
esiliina

γάντια
käsineet

κουμπί

nappi

γυαλιά

silmälasit

βραχιόλι

rannekoru

περιδέραιο

kaulakoru

δαχτυλίδι

sormus

σκουλαρίκι

korvakoru

καπέλο

lippalakki

κρεμάστρα

ripustin

καπέλο

hattu

γραβάτα

solmio

φερμουάρ

vetoketju

κράνος

kypärä

τιράντες

henkselit

μαθητική στολή

koulupuku

στολή

univormu

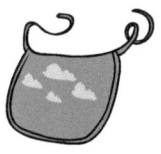

σαλιάρα

ruokalappu

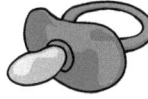

πιπίλα

tutti

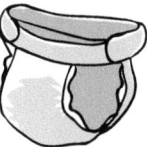

πάνα

vaippa

γραφείο
toimisto

σέρβερ
palvelin
αρχειοθήκη
asiakirjakaappi
χαρτί
paperi
εκτυπωτής
tulostin
οθόνη
näyttö
γραφείο
kirjoituspöytä
ποντίκι
hiiri
ντοσιέ
kansio
πληκτρολόγιο
näppäimistö
καλάθι αχρήστων
roskakori
υπολογιστής
tietokone
καρέκλα
tuoli

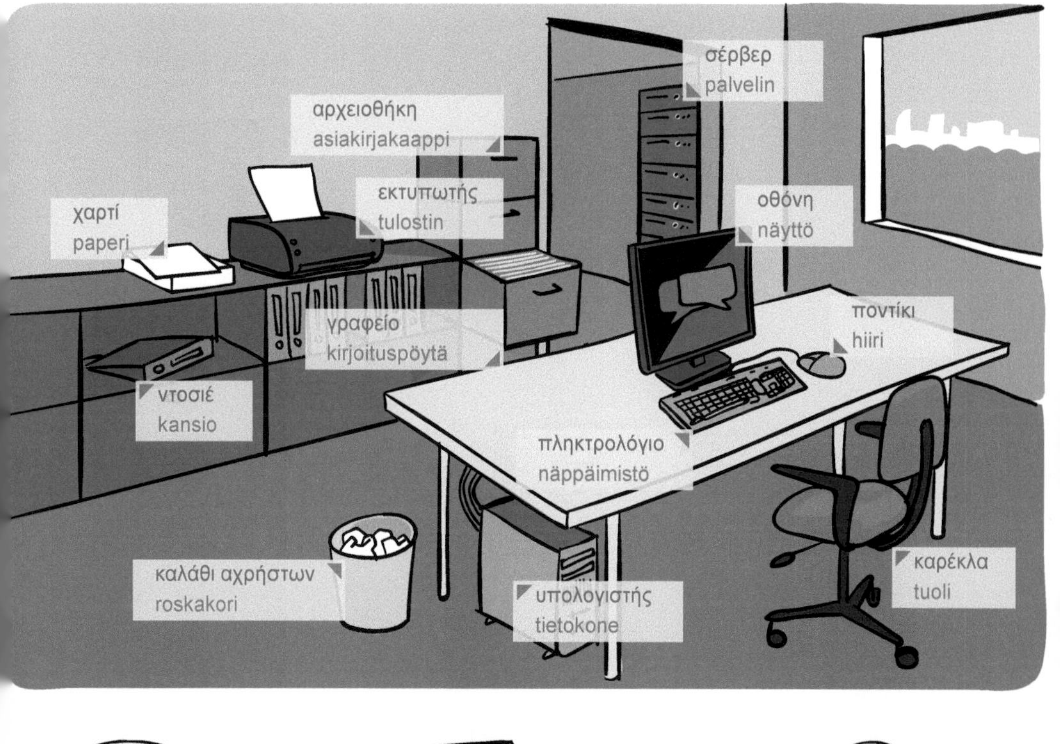

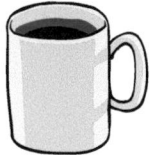

κούπα του καφέ

kahvimuki

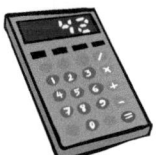

κομπιουτεράκι

taskulaskin

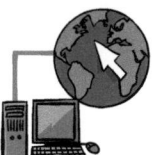

ίντερνετ

internet

λάπτοπ

kannettava tietokone

γράμμα

kirje

μήνυμα

viesti

κινητό

kännykkä

δίκτυο

verkko

φωτοτυπικό μηχάνημα

kopiokone

λογισμικό

ohjelmisto

τηλέφωνο

puhelin

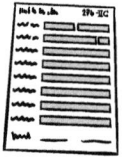

πρίζα

pistorasia

συσκευή φαξ

faksi

έντυπο

lomake

έγγραφο

asiakirja

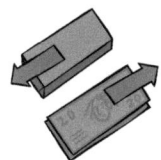

αγοράζω

ostaa

πληρώνω

maksaa

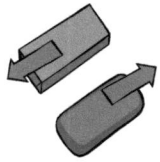

συναλλάσσομαι

vaihtaa

χρήματα

raha

 USD

δολάριο

dollari

 EUR

ευρώ

euro

JPY

γιεν

jeni

RUB

ρούβλι

rupla

CHF

ελβετικό φράγκο

frangi

CNY

ρενμίνμπι γιουάν

renminbi juan

INR

ρουπία

rupia

ATM (αυτόματη ταμειακή μηχανή)

pankkiautomaatti

ανταλλακτήρια
συναλλάγματος

rahanvaihto

χρυσός

kulta

ασήμι

hopea

πετρέλαιο

öljy

ενέργεια

energia

τιμή

hinta

συμβόλαιο

sopimus

φόρος

vero

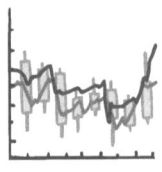

μετοχή

osake

δουλεύω

työskennellä

υπάλληλος

työntekijä

εργοδότης

työnantaja

εργοστάσιο

tehdas

κατάστημα

liike

επαγγέλματα

ammatit

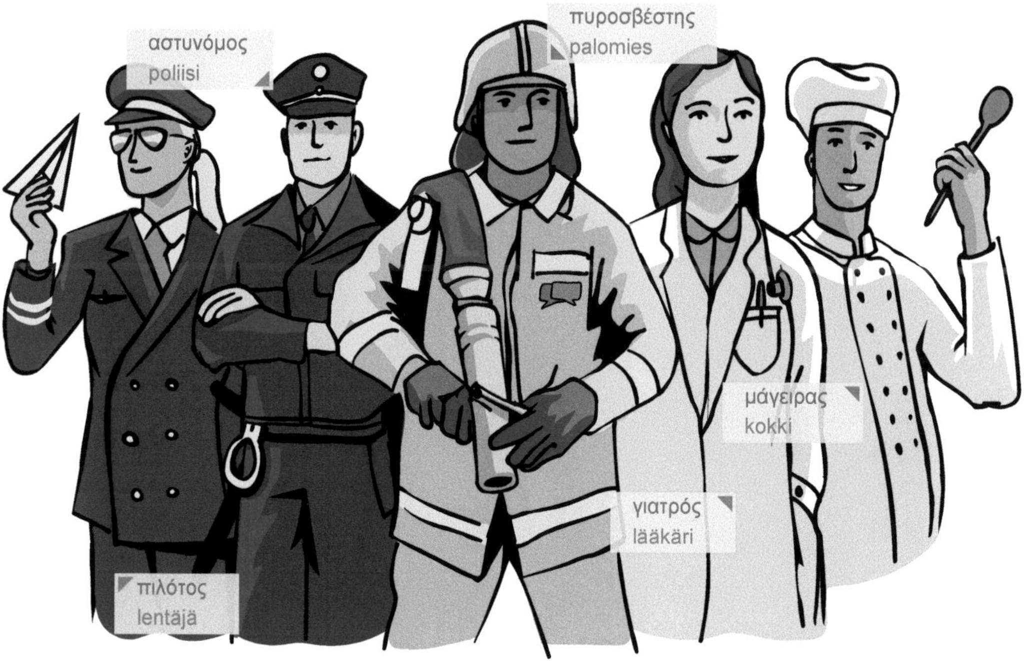
αστυνόμος
poliisi
πυροσβέστης
palomies
μάγειρας
kokki
γιατρός
lääkäri
πιλότος
lentäjä

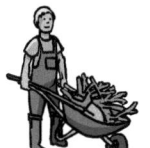

κηπουρός

puutarhuri

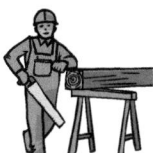

ξυλουργός

puuseppä

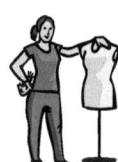

μοδίστρα

ompelija

δικαστής

tuomari

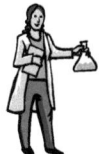

χημικός

kemisti

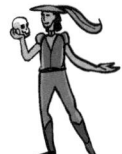

ηθοποιός

näyttelijä

οδηγός λεωφορείου

linja-autonkuljettaja

ταξιτζής

taksinkuljettaja

ψαράς

kalastaja

καθαρίστρια

siivooja

τεχνίτης στεγών

katontekijä

σερβιτόρος

tarjoilija

κυνηγός

metsästäjä

ζωγράφος

maalari

αρτοποιός

leipuri

ηλεκτρολόγος

sähköasentaja

οικοδόμος

rakentaja

μηχανολόγος

insinööri

κρεοπώλης

teurastaja

υδραυλικός

putkiasentaja

ταχυδρόμος

postinjakaja

στρατιώτης

sotilas

αρχιτέκτονας

arkkitehti

ταμίας

kassanhoitaja

ανθοπώλης

floristi

κομμωτής

kampaaja

ελεγκτής εισιτηρίων

konduktööri

μηχανικός

mekaanikko

καπετάνιος

kapteeni

οδοντίατρος

hammaslääkäri

επιστήμονας

tiedemies

ραβίνος

rabbi

ιμάμης

imaami

μοναχός

munkki

ιερέας

pappi

εργαλεία

työkalut

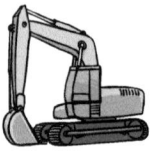

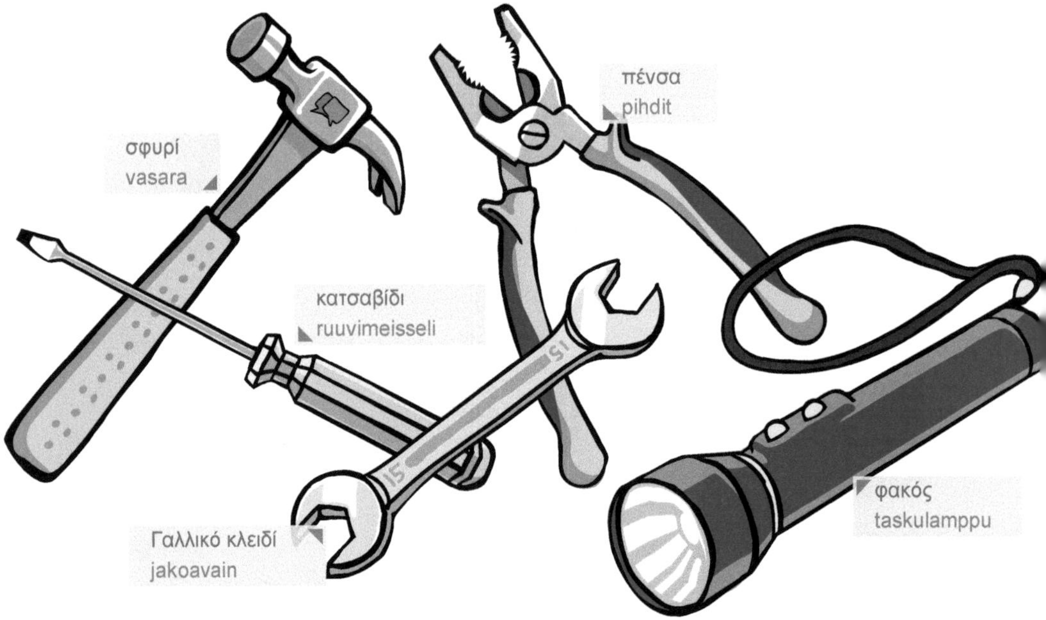
σφυρί
vasara
πένσα
pihdit
κατσαβίδι
ruuvimeisseli
φακός
taskulamppu
Γαλλικό κλειδί
jakoavain

εκσκαφέας

kaivinkone

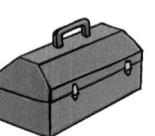

εργαλειοθήκη

työkalupakki

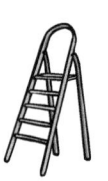

σκάλα

tikkaat

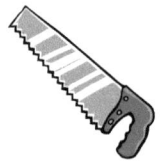

πριόνι

saha

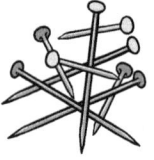

καρφιά

naulat

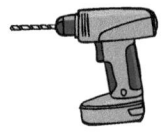

τρυπάνι

pora

επισκευάζω

korjata

φτυάρι

lapio

Να πάρει!

Hitto!

φαράσι

rikkalapio

δοχείο χρωμάτων

maalipurkki

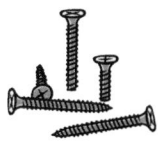

βίδες

ruuvit

μουσικά όργανα
soittimet

μεγάφωνο
kaiuttimet

ντραμς
rummut

κοντραμπάσο
kontrabasso

τρομπέτα
trumpetti

κιθάρα
kitara

πιάνο

piano

βιολί

viulu

μπάσο

basso

τύμπανα

patarummut

τύμπανο

rumpu

πλήκτρα

kosketinsoitin

σαξόφωνο

saksofoni

φλάουτο

huilu

μικρόφωνο

mikrofoni

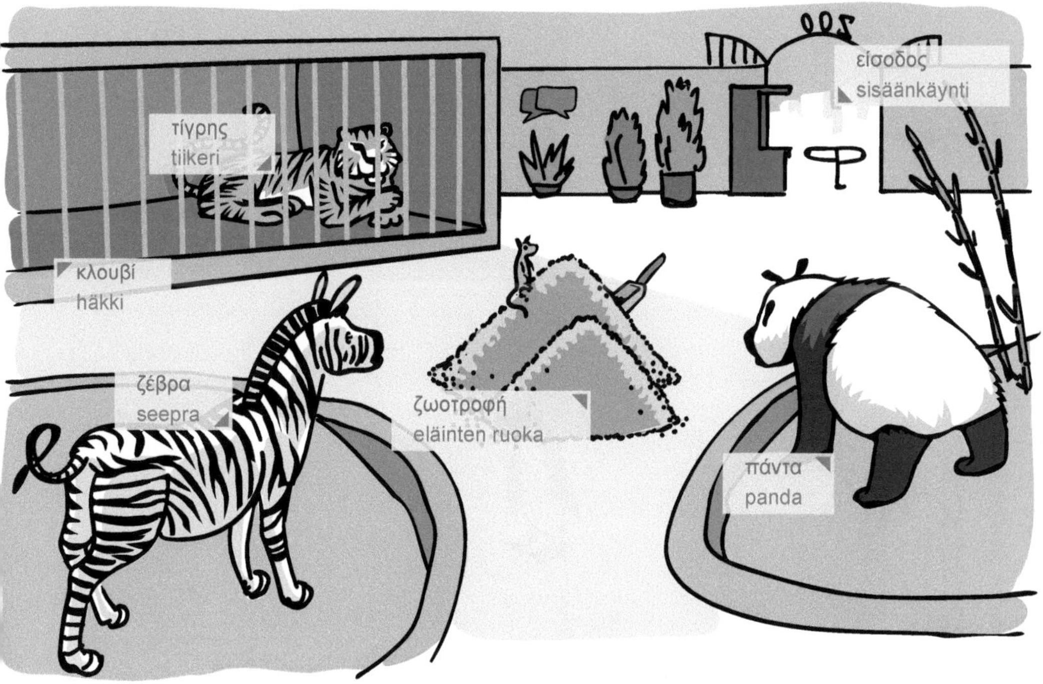

τίγρης
tiikeri

είσοδος
sisäänkäynti

κλουβί
häkki

ζέβρα
seepra

ζωοτροφή
eläinten ruoka

πάντα
panda

ζώα

eläimet

ελέφαντας

norsu

καγκουρό

kenguru

ρινόκερος

sarvikuono

γορίλας

gorilla

αρκούδα

karhu

καμήλα

kameli

στρουθοκάμηλος

strutsi

λιοντάρι

leijona

πίθηκος

apina

φλαμίνγκο

flamingo

παπαγάλος

papukaija

πολική αρκούδα

jääkarhu

πιγκουίνος

pingviini

καρχαρίας

hai

παγώνι

riikinkukko

φίδι

käärme

κροκόδειλος

krokotiili

φύλακας ζωολογικού κήπου

eläintarhanhoitaja

φώκια

hylje

τζάγκουαρ

jaguaari

πόνυ
poni

λεοπάρδαλη
leopardi

ιπποπόταμος
virtahepo

καμηλοπάρδαλη
kirahvi

αετός
kotka

αγριογούρουνο
villisika

ψάρι
kala

χελώνα
kilpikonna

θαλάσσιος ίππος
mursu

αλεπού
kettu

γαζέλα
gaselli

Αμερικάνικο ποδόσφαιρο
amerikkalainen jalkapallo

ποδηλασία
pyöräily

αντισφαίριση
tennis

μπάσκετ
koripallo

κολύμβηση
uinti

πυγχαμία
nyrkkeily

χόκεϋ επί πάγου
jääkiekko

ποδόσφαιρο
jalkapallo

μπάντμιντον
sulkapallo

στίβος
yleisurheilu

χάντμπολ
käsipallo

σκι
hiihto

πόλο
poolo

δραστηριότητες
aktiviteetit

γελάω
nauraa
πηδάω
hypätä
αγκαλιάζω
halata
περπατάω
kävellä
τραγουδάω
laulaa
ονειρεύομαι
unelmoida
προσεύχομαι
rukoilla
φιλάω
suudella

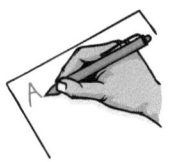

γράφω

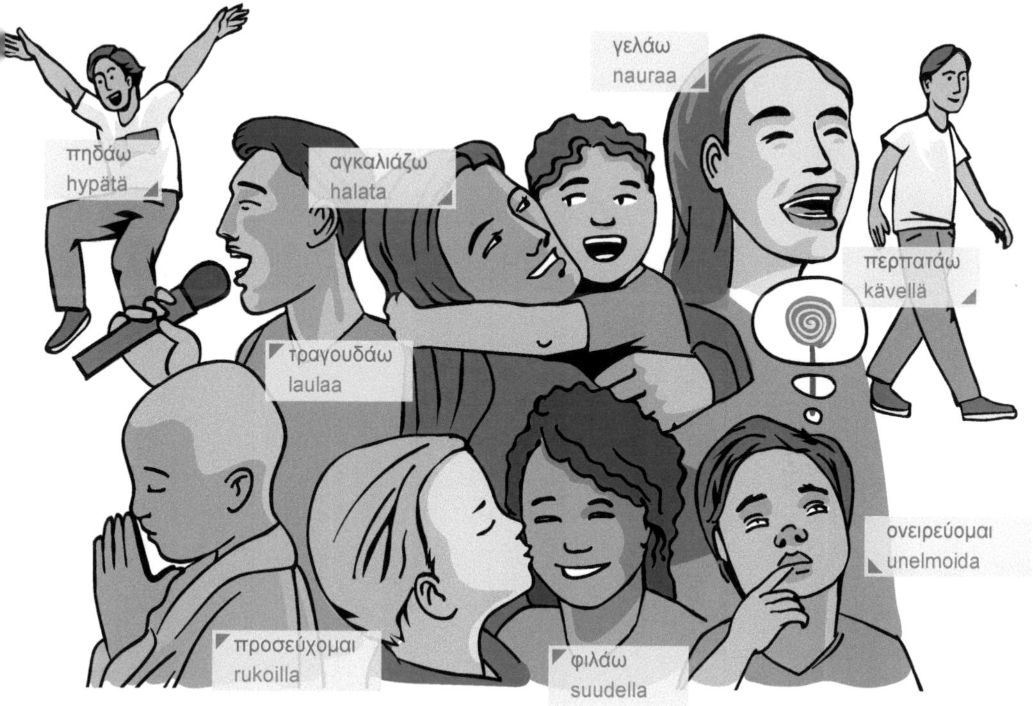

kirjoittaa

σχεδιάζω

piirtää

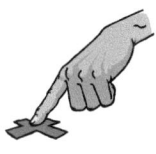

δείχνω

näyttää

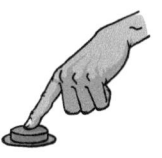

πιέζω

painaa

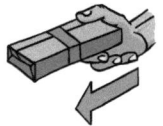

δίνω

antaa

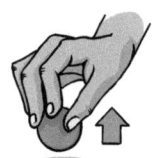

παίρνω

ottaa

έχω
omistaa

κάνω
tehdä

είμαι
olla

στέκομαι
seisoa

τρέχω
juosta

τραβάω
vetää

ρίχνω
heittää

πέφτω
kaatua

ξαπλώνω
maata

περιμένω
odottaa

κουβαλώ
kantaa

κάθομαι
istua

φοράω
pukeutua

κοιμάμαι
nukkua

ξυπνάω
herätä

κοιτάω

katsoa

κλαίω

itkeä

χαϊδεύω

silittää

χτενίζω

kammata

μιλάω

puhua

καταλαβαίνω

ymmärtää

ρωτάω

kysyä

ακούω

kuunnella

πίνω

juoda

τρώω

syödä

συγυρίζω

siivota

αγαπάω

rakastaa

μαγειρεύω

keittää

οδηγώ

ajaa

πετάω

lentää

δραστηριότητες - aktiviteetit

65

κάνω ιστιοπλοΐα

purjehtia

υπολογίζω

laskea

διαβάζω

lukea

μαθαίνω

oppia

δουλεύω

työskennellä

παντρεύομαι

mennä naimisiin

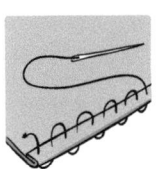

ράβω

ommella

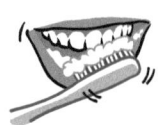

βουρτσίζω τα δόντια

pestä hampaat

σκοτώνω

tappaa

καπνίζω

tupakoida

στέλνω

lähettää

γιαγιά
mummo

παππούς
ukki

πατέρας
isä

μητέρα
äiti

μωρό
vauva

κόρη
tytär

γιος
poika

καλεσμένος

vieras

θεία

täti

θείος

setä

αδελφός

veli

αδελφή

sisko

σώμα

vartalo

μέτωπο
otsa
μάτι
silmä
ώμος
olkapää
δάχτυλο
sormet
πρόσωπο
kasvot
πιγούνι
leuka
χέρι
käsi
πόδι
jalka
στήθος
rinta
βραχίονας
käsivarsi

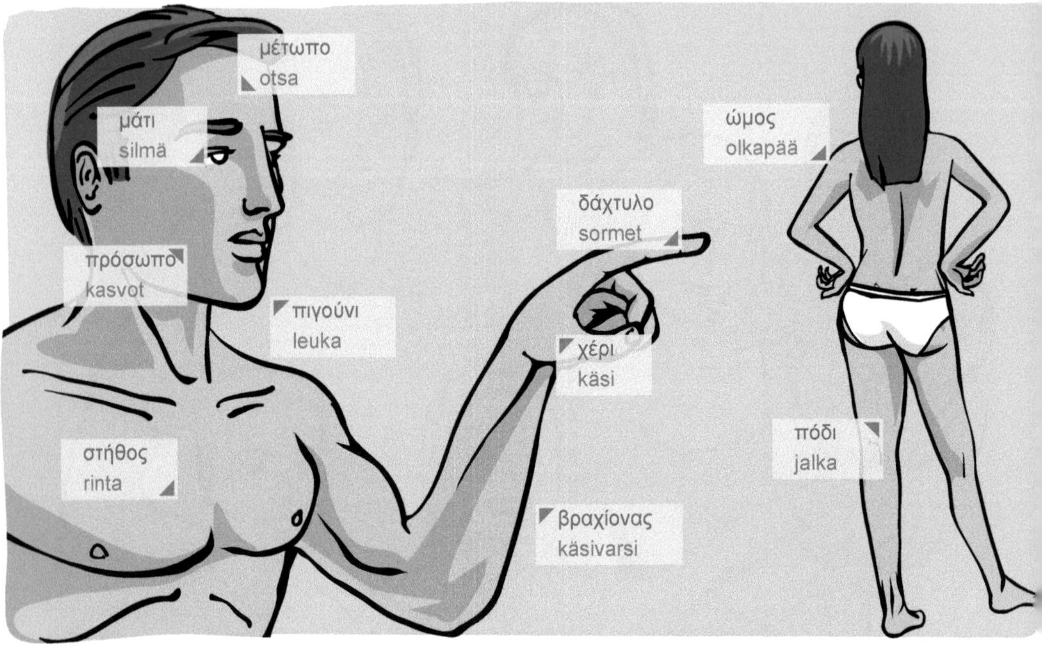

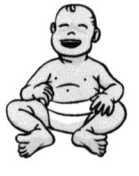

μωρό

vauva

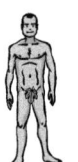

άνδρας

mies

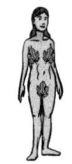

γυναίκα

nainen

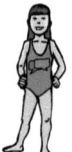

κορίτσι

tyttö

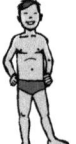

αγόρι

poika

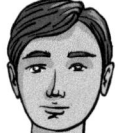

κεφάλι

pää

πλάτη

selkä

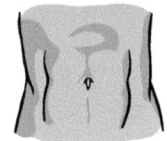

κοιλιά

maha

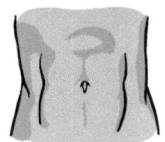

αφαλός

napa

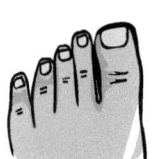

δάχτυλο ποδιού

varvas

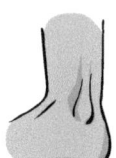

φτέρνα

kantapää

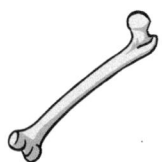

κόκκαλο

luu

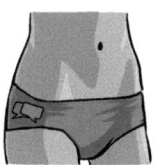

γοφός

lantio

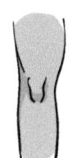

γόνατο

polvi

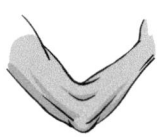

αγκώνας

kyynärpää

μύτη

nenä

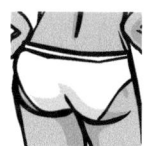

γλουτός

takapuoli

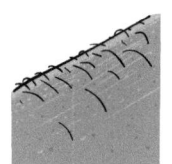

δέρμα

iho

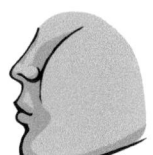

μάγουλο

poski

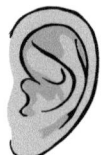

αυτί

korva

χείλος

huuli

στόμα

suu

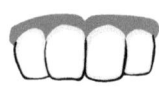

δόντι

hammas

γλώσσα

kieli

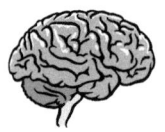

εγκέφαλος

aivot

καρδιά

sydän

μυς

lihas

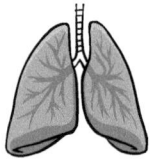

πνεύμονας

keuhkot

συκώτι

maksa

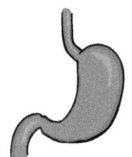

στομάχι

vatsa

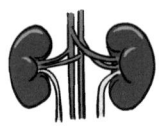

νεφρά

munuaiset

σεξουαλική επαφή

seksi

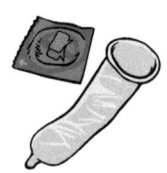

προφυλακτικό

kondomi

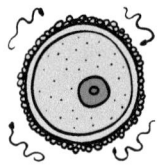

ωάριο

munasolu

σπέρμα

sperma

εγκυμοσύνη

raskaus

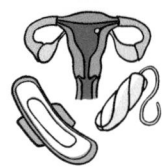

περίοδος

kuukautiset

γυναικείος κόλπος

vagina

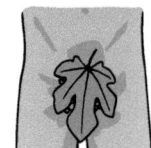

πέος

penis

φρύδι

kulmakarvat

μαλλιά

hiukset

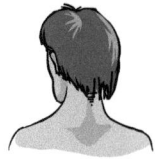

λαιμός

niska

νοσοκομείο
sairaala

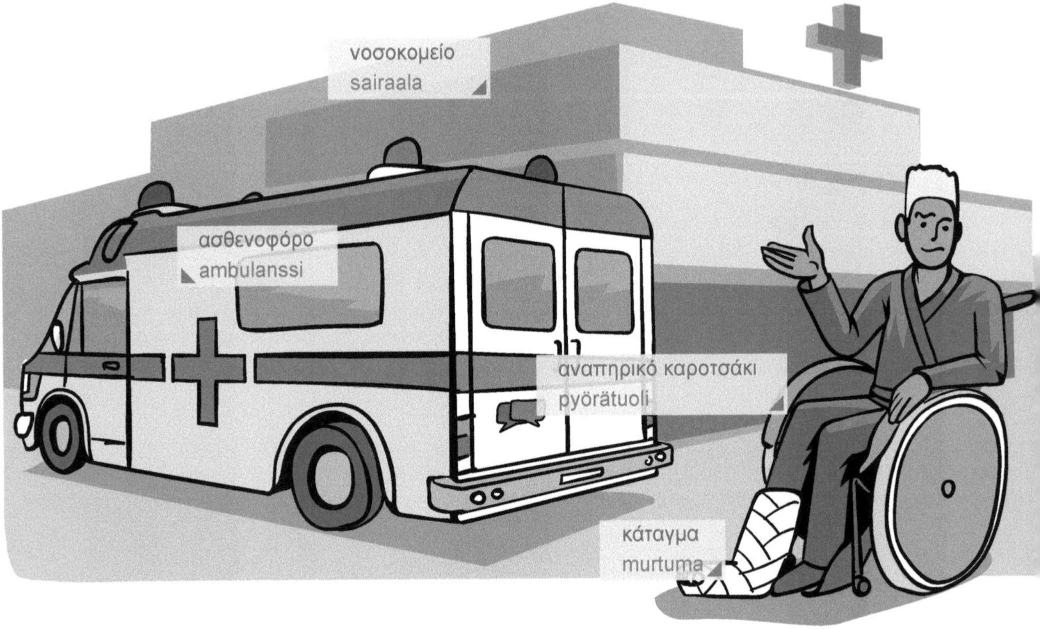

νοσοκομείο
sairaala
ασθενοφόρο
ambulanssi
αναπηρικό καροτσάκι
pyörätuoli
κάταγμα
murtuma

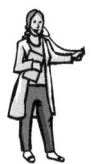

γιατρός

lääkäri

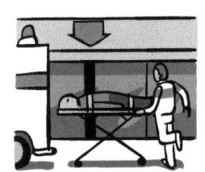

μονάδα εντατικής θεραπείας

ensiapu

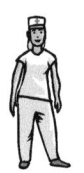

νοσοκόμα

sairaanhoitaja

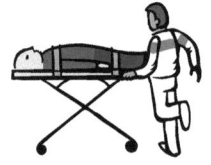

έκτακτη ανάγκη

hätätilanne

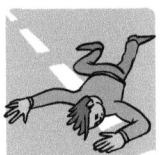

λιπόθυμος

tajuton

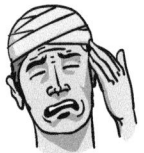

πόνος

kipu

τραύμα

vamma

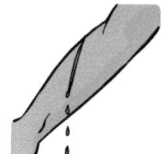

αιμορραγία

verenvuoto

έμφραγμα

sydänkohtaus

εγκεφαλικό

aivoinfarkti

αλλεργία

allergia

βήχας

yskä

πυρετός

kuume

γρίπη

flunssa

διάρροια

ripuli

πονοκέφαλος

päänsärky

καρκίνος

syöpä

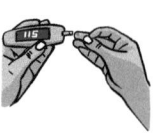

διαβήτης

diabetes

χειρουργός

kirurgi

νυστέρι

veitsi

εγχείρηση

leikkaus

νοσοκομείο - sairaala

αξονική τομογραφία

ct

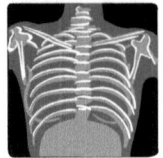

ακτινογραφία

röntgen

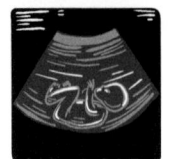

υπέρηχος

ultraääni

μάσκα

maski

ασθένεια

sairaus

αίθουσα αναμονής

odotushuone

πατερίτσα

sauva

χάνσαπλαστ

laastari

επίδεσμος

side

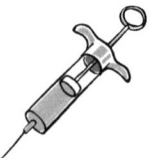

ένεση

pistos

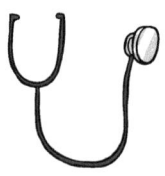

στηθοσκόπιο

stetoskooppi

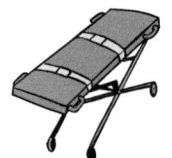

φορείο

paarit

θερμόμετρο

kuumemittari

γέννηση

syntymä

υπέρβαρο

ylipaino

ακουστικό βαρηκοΐας

kuulolaite

αντισηπτικό

desinfiointiaine

λοίμωξη

infektio

ιός

virus

HIV/AIDS

HIV / AIDS

φάρμακο

lääke

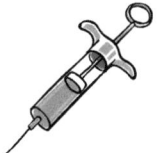

εμβολιασμός

rokotus

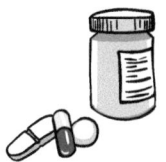

δισκία

tabletit

χάπι

pilleri

κλήση έκτακτης ανάγκης

hätäpuhelu

πιεσόμετρο αίματος

verenpainemittari

άρρωστος / υγιής

sairas / terve

Βοήθεια!	συναγερμός	βιαιοπραγία
Apua!	hälytys	ryöstö

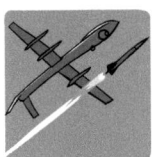		
επίθεση	κίνδυνος	έξοδος κινδύνου
hyökkäys	vaara	hätäuloskäynti

Φωτιά!	πυροσβεστήρας	ατύχημα
Tulipalo!	palosammutin	onnettomuus

κουτί πρώτων βοηθειών	SOS	αστυνομία
ensiapulaukku	SOS	poliisilaitos

Ευρώπη

Eurooppa

Βόρεια Αμερική

Pohjois-Amerikka

Νότια Αμερική

Etelä-Amerikka

Αφρική

Afrikka

Ασία

Aasia

Αυστραλία

Australia

Ατλαντικός Ωκεανός

Atlantin valtameri

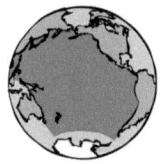

Ειρηνικός Ωκεανός

Tyynimeri

Ινδικός Ωκεανός

Intian valtameri

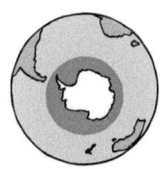

Ανταρκτικός Ωκεανός

Eteläinen jäämeri

Αρκτικός Ωκεανός

Pohjoinen jäämeri

Βόρειος Πόλος

pohjoisnapa

Νότιος Πόλος

etelänapa

Ανταρκτική

Antarktis

Γη

maa

γη

maa

θάλασσα

meri

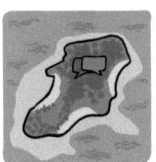

νησί

saari

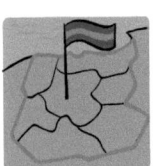

έθνος

kansa

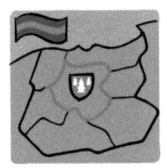

πολιτεία

osavaltio

κανтράν ρολογιού
kellotaulu

ωροδείκτης
tuntiviisari

λεπτοδείκτης
minuuttiviisari

δείκτης δευτερολέπτων
sekuntiviisari

Τι ώρα είναι;
Paljonko kello on?

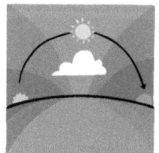

ημέρα
päivä

χρόνος
aika

τώρα
nyt

ψηφιακό ρολόι
digitaalikello

λεπτό
minuutti

ώρα
tunti

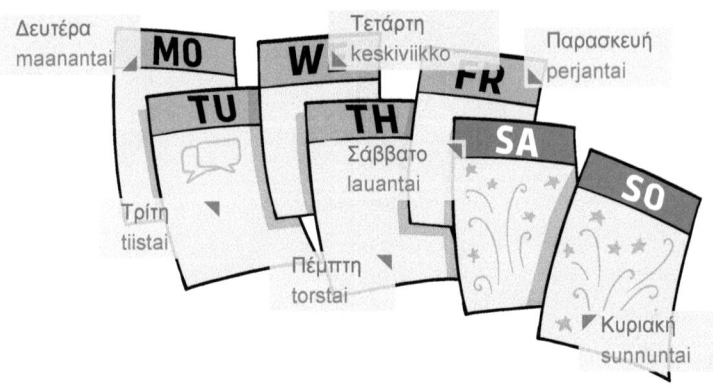

Δευτέρα
maanantai

Τετάρτη
keskiviikko

Παρασκευή
perjantai

Σάββατο
lauantai

Τρίτη
tiistai

Πέμπτη
torstai

Κυριακή
sunnuntai

χθες

eilen

σήμερα

tänään

αύριο

huomenna

πρωί

aamu

μεσημέρι

keskipäivä

βράδυ

ilta

εργάσιμες ημέρες

työpäivät

Σαββατοκύριακο

viikonloppu

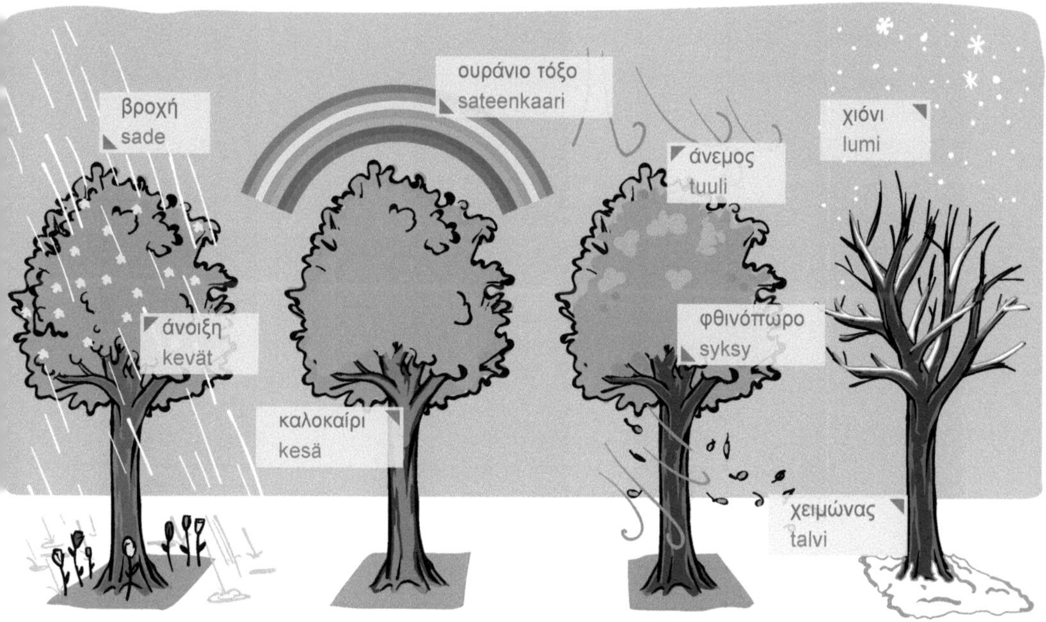

βροχή
sade

ουράνιο τόξο
sateenkaari

άνεμος
tuuli

χιόνι
lumi

άνοιξη
kevät

φθινόπωρο
syksy

καλοκαίρι
kesä

χειμώνας
talvi

4.APRIL	11°	☀
5.APRIL	4°	❄
6.APRIL	13°	☂
7.APRIL	8°	❄
8.APRIL	10°	☀

πρόγνωση καιρού

σääennuste

θερμόμετρο

lämpömittari

λιακάδα

auringonpaiste

σύννεφο

pilvi

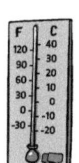

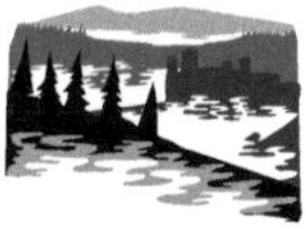

ομίχλη

sumu

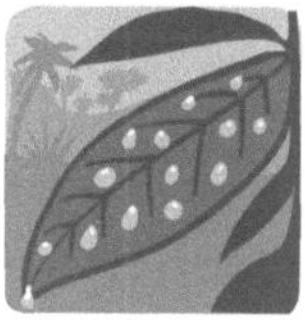

υγρασία

ilmankosteus

αστραπή
salama

κεραυνός
ukkonen

καταιγίδα
myrsky

χαλάζι
rae

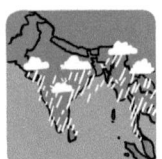

μουσώνας
monsuuni

πλημμύρα
tulva

πάγος
jää

Ιανουάριος
tammikuu

Φεβρουάριος
helmikuu

Μάρτιος
maaliskuu

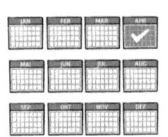

Απρίλιος
huhtikuu

Μάιος
toukokuu

Ιούνιος
kesäkuu

Ιούλιος
heinäkuu

Αύγουστος
elokuu

έτος - vuosi

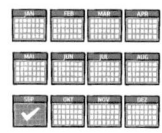

Σεπτέμβριος

syyskuu

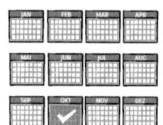

Οκτώβριος

lokakuu

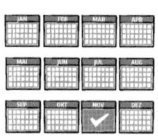

Νοέμβριος

marraskuu

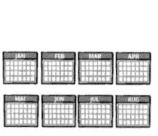

Δεκέμβριος

joulukuu

σχήματα
muodot

κύκλος

ympyrä

τετράγωνο

neliö

ορθογώνιο
παραλληλόγραμμο
suorakulmio

τρίγωνο

kolmio

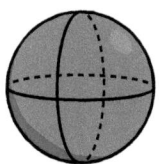

σφαίρα

pallo

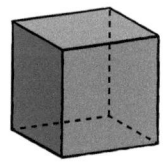

κύβος

kuutio

άσπρο

valkoinen

κίτρινο

keltainen

πορτοκαλί

oranssi

ροζ

vaaleanpunainen

κόκκινο

punainen

μωβ

violetti

μπλε

sininen

πράσινο

vihreä

καφέ

ruskea

γκρι

harmaa

μαύρο

musta

πολύ / λίγο

paljon / vähän

θυμωμένος / ήρεμος

vihainen / ystävällinen

όμορφος / άσχημος

kaunis / ruma

αρχή / τέλος

alku / loppu

μεγάλος / μικρός

suuri / pieni

φωτεινός / σκοτεινός

vaalea / tumma

αδελφός / αδελφή

veli / sisko

καθαρός / λερωμένος

puhdas / likainen

πλήρης / ατελής

täydellinen / epätäydellinen

ημέρα / νύχτα

päivä / yö

νεκρός / ζωντανός

kuollut / elävä

φαρδύς / στενός

leveä / kapea

βρώσιμος / μη βρώσιμος

syötävä / syömäkelvoton

κακός / ευγενικός

paha / kiltti

ενθουσιασμένος / βαριεστημένος

innostunut / tylsistynyt

παχύς / λεπτός

lihava / laiha

πρώτος / τελευταίος

ensimmäinen / viimeinen

φίλος / εχθρός

ystävä / vihollinen

γεμάτος / άδειος

täysi / tyhjä

σκληρός / μαλακός

kova / pehmeä

βαρύς / ελαφρύς

painava / kevyt

πείνα / δίψα

nälkä / jano

άρρωστος / υγιής

sairas / terve

παράνομος / νόμιμος

laiton / laillinen

έξυπνος / χαζός

älykäs / tyhmä

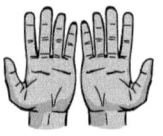

αριστερός / δεξιός

vasen / oikea

κοντινός / μακρινός

lähellä / kaukana

καινούριος /
μεταχειρισμένος

uusi / käytetty

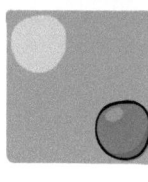

τίποτα / κάτι

ei mitään / jotain

γέρος | νέος

vanha / nuori

αναμμένος / σβηστός

πάällä / pois päältä

ανοιχτός / κλειστός

auki / kiinni

χαμηλόφωνος /
μεγαλόφωνος
hiljainen / äänekäs

πλούσιος / φτωχός

rikas / köyhä

σωστός / λανθασμένος

oikein / väärin

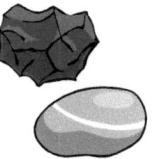

τραχύς / λείος

karhea / sileä

λυπημένος / χαρούμενος

surullinen / iloinen

κοντός / μακρύς

lyhyt / pitkä

αργός / γρήγορος

hidas / nopea

υγρός / στεγνός

märkä / kuiva

ζεστός / δροσερός

lämmin / viileä

πόλεμος / ειρήνη

sota / rauha

αντίθετα - vastakohdat

0

μηδέν

nolla

1

ένα

yksi

2

δύο

kaksi

3

τρία

kolme

4

τέσσερα

neljä

5

πέντε

viisi

6

έξι

kuusi

7

εφτά

seitsemän

8

οκτώ

kahdeksan

9

εννιά

yhdeksän

10

δέκα

kymmenen

11

έντεκα

yksitoista

12	**13**	**14**
δώδεκα	δεκατρία	δεκατέσσερα
kaksitoista	kolmetoista	neljätoista
15	**16**	**17**
δεκαπέντε	δεκαέξι	δεκαεφτά
viisitoista	kuusitoista	seitsemäntoista
18	**19**	**20**
δεκαοκτώ	δεκαεννέα	είκοσι
kahdeksantoista	yhdeksäntoista	kaksikymmentä
100	**1.000**	**1.000.000**
εκατό	χίλια	εκατομμύριο
sata	tuhat	miljoona

αριθμοί - numerot

Αγγλικά

englanti

Αμερικάνικα Αγγλικά

amerikanenglanti

Μανδαρίνικα Κινέζικα

mandariinikiina

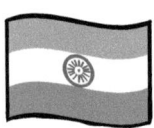

Χίντι

hindi

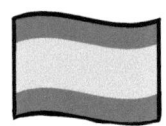

Ισπανικά

espanja

Γαλλικά

ranska

Αραβικά

arabia

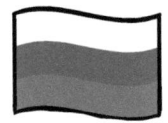

Ρώσικα

venäjä

Πορτογαλικά

portugali

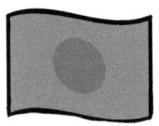

Μπενγκάλι

bengali

Γερμανικά

saksa

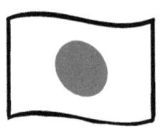

Ιαπωνικά

japani

εγώ

minä

εσύ

sinä

αυτός / αυτή / αυτό

hän

εμείς

me

εσείς

te

αυτοί / αυτές / αυτά

he

ποιος / ποια / ποιο;

kuka?

τι;

mitä / mikä?

πώς;

miten?

πού;

missä?

πότε;

milloin?

όνομα

nimi

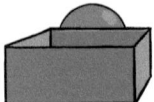

πίσω

takana

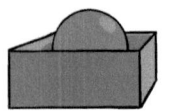

μέσα

sisällä

μπροστά

edessä

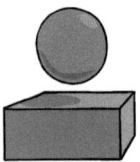

πάνω από

yläpuolella

πάνω

päällä

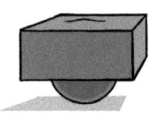

κάτω

alapuolella

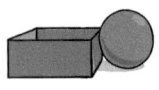

δίπλα

vieressä

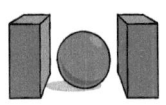

ανάμεσα

välissä

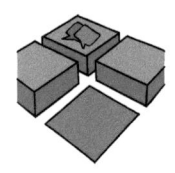

μέρος

paikka